Paul McCartney

LOUIS-PHILIPPE OUIMET

À Claudette,
chère voisine!
Une très belle lecture!

LES ÉDITIONS
Quebecor
QUEBECOR MEDIA

Données de catalogage avant publication (Canada)

Ouimet, Louis-Philippe

Paul McCartney

(Collection Biographie)

ISBN 2-7640-0642-X

1. McCartney, Paul. 2. Beatles – Histoire. 3. Musiciens rock – Angleterre – Biographies. 4. Compositeurs – Angleterre – Biographies. I. Titre. II. Collection : Collection Biographie (Montréal, Québec).

ML410.M113093 2003   782.42166'092   C2002-941697-3

LES ÉDITIONS QUEBECOR
7, chemin Bates
Outremont (Québec)
H2V 4V7
Tél. : (514) 270-1746

Bibliothèque nationale du Québec
Bibliothèque nationale du Canada
ISBN : 2-7640-0642-X

Éditeur : Jacques Simard
Coordonnatrice de la production : Claire Morasse
Conception de la couverture : Bernard Langlois
Photo de la page couverture : Stewart Mark / CameraPress / Ponopresse
Infographie : Dany St-André, 15e Avenue infographie

Nous reconnaissons l'aide financière du gouvernement du Canada par l'entremise du Programme d'Aide au Développement de l'Industrie de l'Édition pour nos activités d'édition.

Gouvernement du Québec – Programme de crédit d'impôt pour l'édition de livres – Gestion SODEC.

Imprimé au Canada

Paul McCartney
Les années 1970-2002

Pour papa et maman.
À Geneviève.
Éternels remerciements à Lucille et Normand Fortin.

Remerciements

Si la liste est courte, c'est pour mieux saluer les personnes suivantes...

Réjean Beaunoyer (Sorel) – ce livre aurait été impossible sans toi, merci! / Jean-François Brassard – mon fidèle ami /Ti-Chien et Perruque – amour et pour services rendus à la nation / Geneviève – je t'aime, chère épouse/ la famille Fortin (Normand et Lucille) – merci pour les nombreux encouragements et pour le confort de Sherbrooke/ Freddo – fini ton bac!/ Sophie Blondin – responsable de cette passion / les cousins et papa Daloze – bande de crânes/Cocotte – bonjour, la police! / Marie-Claude Massie et Francis Bolduc – service des encouragements, de l'écoute et de l'amitié / grand-maman et grand-père Gagné – amour /Jean-Guy Prévost (UQAM) – sans le savoir, gourou intellectuel / Vénus – vilaine chatonne / Laurence Juber – Wings *forever* / Sylvie Brunetta – passionnant entretien/ Patrick Landry (EMI) – *c'mon,* Pat! / Pat Coutu (EMI) – Hotsss Pat / Roger Tremblay (Vidéotron) – merci pour cette première chance à la télévision/ Diane Bellemare – combien ça va me coûter?/ Michel Defoy – le roi / Isabelle Dubé – bonne chance avec *ton* livre/ Martin Béliveau – t'es le meilleur/ Daniel Guérard – la passion du métier/ Simon Fauteux – *Devil* / Patricia Lord – vive l'Amphithéâtre Bell!/Josée Plourde (TQS) – longue vie au *Petit Journal!*/ Marie-Andrée Amiot (*Le 30*) – une brève mais intéressante expérience/ Pierre Marchand (MusiquePlus)/ et, enfin, Prague – toujours fidèle / Jacques Simard, Claire Morasse et les Éditions Quebecor – d'avoir permis la réalisation d'un tel projet / Christian Molgat, Patricia et Rémi du *Manitoba ce soir* – longue vie à Winnipeg! / Christianne Chaillé – chère Christianne...

Préface

Ce n'est pas parce qu'il a une connaissance encyclopédique de Paul McCartney que Louis-Philippe Ouimet a toute mon admiration. C'est plutôt son esprit de synthèse, sa capacité d'analyse et son sens critique qui lui valent tout mon respect.

La vie et la carrière de Paul McCartney, de sa tendre jeunesse jusqu'à la séparation des Beatles, sont abondamment documentées. Mais depuis, qu'en est-il de l'homme et de l'artiste? Bien sûr, on en sait beaucoup sur sa vie familiale, de sa relation avec Linda et leurs enfants jusqu'à son mariage avec Heather Mills. Mais après? Comme George Harrison et John Lennon, McCartney a souvent vu son travail être mésestimé en regard de ce qu'il avait accompli durant les années 1960. Mais n'a-t-il que la presse à blâmer? N'est-il qu'une innocente victime? Que non! Paradoxalement, d'une tournée à l'autre et à mesure que son répertoire prend de l'étoffe, le musicien lui accorde de moins en moins d'importance au profit de ce qu'il a écrit avec Lennon. Pourtant, bien qu'elle soit inégale et comportant de très gênants ratés, l'œuvre post-Beatles de Paul McCartney n'en est pas moins impressionnante et son talent a parfois frôlé le génie. Le musicien aurait-il du mal à assumer des pans entiers de son œuvre?

Dans cette biographie, c'est par le biais de son travail de musicien que l'auteur dévoile McCartney tel qu'il est. Et c'est sans doute l'approche la plus révélatrice qui soit. Témoignages à l'appui, cette biographie démontre qu'il est un homme de paradoxes et de contradictions et qu'il demeure un auteur-compositeur acharné et passionné. J'aime le Paul McCartney de toutes les époques: membre des Beatles, leader des Wings ou artiste solo. Nécessairement, il m'aura souvent déçu. Mais je serai toujours admiratif devant son immense talent. Et ce livre me le fait aimer davantage. Parce que Louis-Philippe Ouimet nous le présente non pas comme un génie, une idole ou un demi-dieu, mais comme un homme.

Jean-François Brassard

JOURNALISTE

Introduction: Encore à la conquête du monde

James Paul McCartney reste toujours, à soixante ans, un monstre sacré du rock. Chaque jour, des millions de personnes écoutent ses chansons, fruits d'une intense activité musicale depuis les 40 dernières années. Si son travail au sein des Beatles lui a permis d'accoucher des tubes *Yesterday, Michelle* et *Hey Jude*, la période des Wings a connu ses heures de gloire grâce à la sortie de *Band on the Run*, *Listen to What the Man Said* et *Mull of Kintyre* tandis que son travail en solo a inondé les ondes radiophoniques avec *Ebony and Ivory, Say Say Say* et *My Brave Face*. Qui peut se vanter de ne pas avoir un seul souvenir relié à une de ces chansons? Son répertoire est vaste et accompagne de nombreux événements historiques. C'est sans aucun doute ce qui pousse le milliardaire à continuer de chanter alors qu'il entreprend encore en 2002-2003 de multiples tournées en Amérique, en Europe et en Asie. L'ex-Beatles voit toujours plus loin, attaquant de nouveaux défis aux côtés de Heather Mills, sa nouvelle épouse. Idole pour les uns ou phénomène passé pour les autres, Sir Paul laisse sa trace dans l'industrie musicale par son sens inné de la mélodie et ses diverses explorations musicales.

Depuis les trois dernières années, l'engouement pour les chansons de Paul McCartney est à son apogée. Les ventes fulgurantes des compilations *Beatles 1* (2000) et *Wingspan: Hits and History* (2000) ont gagné un public de plus en plus jeune dont les parents sont de plus en plus nostalgiques. Avec son hymne à la paix, *Freedom*, le chanteur a même su se rallier les endeuillés des attentats du 11 septembre 2001. De surcroît, toute sortie d'un nouvel album le place encore parmi les incontournables chez les disquaires.

Tous les succès remportés par le musicien au cours des quarante dernières années sont constamment camouflés par la popularité des Beatles. Inévitablement, toutes les entrevues menées avec l'ex-Beatles amènent une question à propos du défunt groupe. Pour la énième fois, le chanteur répond inlassablement aux interrogations reliées à la genèse de *Yesterday* ou à l'instrument qu'il a utilisé pour l'enregistrement de l'album *Revolver*. Rares sont les journalistes suffisamment renseignés pour oser aborder autre chose que le travail effectué avec Lennon. Les activités de Paul en solo ou avec les Wings restent pour ainsi dire méconnues, malgré leur importance. Cet ouvrage démontre que la vie de McCartney après *Let it Be* est infiniment plus importante, juste prolongement du passé et évolution vers des horizons différents. Depuis la dissolution des Beatles en avril 1970, McCartney a accompli ce qu'aucun autre musicien n'a même réussi à imaginer. On peut s'interroger sur la valeur artistique de certaines de ses créations, mais jamais remettre en cause les millions de disques achetés par les fans. Elvis Presley n'avait-il pas mis sur le marché un disque intitulé *50, 000, 000 Fans Can't Be Wrong*? McCartney peut se vanter d'avoir autant d'admirateurs.

Les amateurs de sensationnalisme seront peut-être déçus par cette biographie en grande partie axée sur la production musicale de McCartney. Si les événements reliés aux enfants illégitimes, aux arrestations pour consommation de drogue et aux différentes ruptures y trouvent leur place, nous nous abstiendrons de tracer un portrait psychologique du personnage. Même les plus honnêtes collaborateurs de l'auteur-compositeur s'en abstiennent, n'ayant jamais pu le cerner. Car la vedette est un caméléon souvent en mode charme lors des entrevues, disant à ses interlocuteurs ce qu'ils veulent bien entendre. Seule sa défunte épouse, Linda Eastman, aurait réellement pu en tracer un portait complet.

Pour combler cette lacune, nous nous en tiendrons aux faits, ceux livrés en entrevue par Paul McCartney lui-même. S'il se contredit à maintes reprises, c'est pour mieux départager certaines vérités déformées avec le temps. Car, sur le plan de la manipulation de l'information, l'artiste en est devenu le maître incontesté au fil des ans. Cette contrainte à départager la vérité du mensonge a nécessité un travail de recherche dans plus de mille ouvrages de références. Livres, articles de journaux, émissions radiophoniques et télédiffusées, sites Internet et entrevues téléphoniques nous auront permis de tracer une vue d'ensemble succincte mais complète de son œuvre. Les différentes sources de nos propos sont citées dans le but que le lecteur y fasse référence en tout temps. En aucun cas nous ne tomberons dans la spéculation ou la rumeur, domaine exploité dans de trop nombreux livres sur le même sujet. En toute modestie, nous désirons qu'un bilan complet soit fait la carrière solo de McCartney. Certains événements, dont la participation à de multiples émissions de radio et de télévision, seront ignorés pour faciliter la lecture. Par contre, les nombreuses chansons inédites créées avec les années trouveront leur place, répondant à la curiosité du collectionneur.

Rares sont les ouvrages qui se concentrent uniquement sur l'œuvre en solo du musicien. C'est la raison pour laquelle ce livre désire remettre en perspective les trente-cinq dernières années où Paul McCartney a démontré qu'il y a bel et bien une vie après les Beatles. Nous avons divisé en neuf étapes importantes l'évolution de sa carrière. Chacune d'elles marque de rapides changements et une nouvelle direction musicale. Nous avons fixé à 1966 le début de sa carrière solo, avec son travail sur la bande sonore du film *The Family Way*. Par la suite, il est impossible de ne pas disserter sur l'éclatement des Beatles, les années Wings, le lent retour du solitaire pendant les années 1980 et, enfin, sur l'aboutissement de toutes ces aventures musicales avec son retour dans les arènes du rock au tournant du millénaire.

L'intérêt d'un tel essai réside dans le fait de porter à l'attention du lecteur des informations qui, autrement, resteraient enfouies ou oubliées. Les différentes publications sur des périodes précises de la carrière du musicien disparaissent rapidement du marché. Avec cette étude de milliers de documents de première main, nous comptons rendre accessible une histoire complète des années solo de McCartney.

Chapitre I

Premiers vols en solo
(1966-1970)

Paul McCartney aura toujours été le Beatles le plus entreprenant, exploitant constamment son talent pour composer des chansons aux mélodies inoubliables ou pour accoucher des pires fiascos. Toute sa carrière jonglera entre ces deux pôles, nécessaires sans aucun doute à ses élans créatifs. En compagnie de John Lennon, ou en opposition à lui, il développera en quelques années seulement son talent pour permettre l'éclosion d'un style encore bien présent aujourd'hui. Mais il est permis de penser que même sans les Beatles, le musicien aurait connu de nombreux instants de gloire.

Cependant, c'est lorsque les Beatles sont au sommet de leur gloire que Paul McCartney commencera parallèlement à s'intéresser à une musique autre que la leur et à mener une carrière solo. Plongeant bien avant Lennon dans la scène alternative de Londres, McCartney se vantera plusieurs années plus tard d'avoir été le plus avant-gardiste des musiciens de Liverpool: «Cela m'avait un peu fâché de voir que John était devenu l'avant-gardiste du groupe parce que deux ou trois ans avant lui, j'assistais à beaucoup de concerts de Luciano Berio et Cornelius Cardew tandis qu'il habitait à Weybridge avec sa famille, et menait un style de vie très conservateur. L'idée que John serait considéré comme l'artiste branché et Paul le sentimental me fatiguait beaucoup. Vous savez, je faisais beaucoup de montages étranges en studio, en partie récupérés sur *Tomorrow Never Knows*, allant même jusqu'à faire des symphonies de boucles sonores. J'avais même suggéré à John de sortir un disque intitulé *Paul McCartney Goes too far!*[1]» De fait, en compagnie de sa copine Jane Asher, il découvrira le Londres des cinéastes, musiciens et autres artistes avant-gardistes de la période. En écoutant John Cage lui viendra l'idée d'engager quarante et un musiciens du New Philarmonia pour créer le pont psychédélique du titre *A Day in Life*, à la suite des encouragements de Lennon et, il va sans dire, au grand étonnement du réalisateur George Martin.

C'est ainsi que l'habituel tandem d'écriture Lennon/McCartney sera pour une première fois rompu en 1966, quatre ans après le premier enregistrement de *Love Me Do* aux studios Abbey Road et à la suite de nombreuses collaborations ayant mené à la création des classiques *I Want To Hold Your Hand, Michelle* et *Day Tripper*. Plusieurs mois avant la télédiffusion de la chanson *All You Need Is Love* devant 500 millions de personnes et trois ans avant la sortie de l'album-culte *Abbey Road*, McCartney relèvera le défi de composer la musique instrumentale du film *The Family Way*. Si certains auteurs parlent d'adaptation ou de transition, nous croyons que l'automne de 1966 annonçait une lente mais certaine séparation des Beatles et l'émergence d'un McCartney transformé. Ses premières compositions en solo, sa rencontre avec sa future épouse et la rupture d'avec Lennon feront partie des événements qui forgeront son futur.

The Family Way

McCartney n'a que 24 ans le 5 septembre 1966 lorsque John Lennon s'envolera vers l'Espagne pour le tournage du long métrage *How I Won the War*. Six jours auparavant, les Beatles donnaient leur dernier concert en carrière au Candlestick Park de San Francisco. Pour une des rares fois dans l'histoire du groupe, l'unique et précieux partenaire musical de McCartney se consacrera pendant plus de six semaines à un projet solo. Ce film de Richard Lester sera la pause nécessaire pour les Beatles entre la sortie de l'album *Revolver* (5 août 1966) et le début de l'enregistrement du classique *Sgt. Pepper's Lonely Hearts Club Band* (24 novembre 1966-21 avril 1967). Pendant cette période, Paul McCartney se retrouvera seul pour la première fois depuis 1956, année marquant son arrivée dans le groupe The Quarrymen de Lennon. Désemparé, il devra créer pour combler le vide laissé par ce départ temporaire. Se pencher sur la composition d'une musique classique accompagnant le film *The Family Way* deviendra donc une bénédiction.

Mais ces vacances forcées de l'univers des Beatles seront accompagnées de nombreuses spéculations de la part de la presse londonienne à propos de l'avenir du groupe, incitant même le gérant Brian Epstein à nier ces allégations lors d'une réunion le 14 novembre de la même année. Quelques jours plus tard, *The Sunday Telegraph* annoncera qu'un certain Allen Klein, gérant des

Rolling Stones, avait approché deux des quatre Beatles, John Lennon et George Harrison, pour s'occuper de la gérance du groupe. Quelques mois avant sa mort en 1980, il dira que c'est à la suite du tournage de *How I Won the War* qu'il aurait voulu se détacher du célèbre groupe[2]. Rien ne laisse présager un avenir radieux pour les Beatles alors que l'argent prend une place plus importante que par le passé. Si le succès inespéré de l'album *Revolver* permettra une certaine renaissance du groupe, il s'en est fallu de peu pour que le contraire se produise.

Si McCartney n'est pas nécessairement à l'affût des propos tenus par les médias de l'époque, il réalisera tout de même que les Beatles auront tôt ou tard une fin et qu'il devra diversifier ses activités musicales. La relation entre les quatre musiciens commencera à s'effriter alors que leurs expériences musicales évolueront. Tandis que George Harrison se rendra à Bombay pour assister aux enseignements de Ravi Shankar et que Ringo Starr s'engagera dans une entreprise de construction de bâtiments (Bricky Builder), McCartney amorcera son premier projet solo grâce au soutien de George Martin. Il résultera de cette collaboration la bande sonore du film *The Family Way*, réalisé par les frères Boulting et mettant en vedette Hayley Mills, John Mills et Hywel Bennett. Ce long métrage, aujourd'hui oublié, a été une création de premier plan dans l'Angleterre des années 1960. Un contexte idéal qui permet à Paul de voler de ses propres ailes.

Ce projet sera annoncé à la presse le 14 octobre 1966 et mettra à profit les nombreux talents de Martin qui réarrangera les chansons, McCartney étant incapable de mettre sur papier ses créations car il ne sait ni lire ni écrire la musique. Des vingt-six minutes de musique instrumentale, on retiendra surtout *Love in the Open Air* et *Theme of the Family Way*. Ceux-ci feront par ailleurs les manchettes le 24 décembre suivant alors qu'elles seront éditées par deux firmes rivales, EMI (23 décembre 1966 – United Artists UP 1165) et DECCA (6 janvier 1967 – SKL4847). Un conflit relativement aux droits d'auteur éclatera, mais il n'aura pas de véritable répercussion pour son créateur.

Intitulé *Wedlocked or all in Good Times* lors du tournage, le projet sera présenté au Beatles par un des deux frères Boulting, Roy. Immédiatement intéressé par celui-ci, Paul acceptera de collaborer en voyant cette aventure comme un prolongement intéressant à son travail de compositeur; ses habituelles chansons de trois minutes devront être plus longues et ses orchestrations plus élaborées. Il se chargera des mélodies, tandis que le réalisateur George Martin s'occupera des variations de celles-ci. Une tâche qui ne prendra que quelques heures pour McCartney, mais plusieurs journées à son acolyte. À l'automne 1966, les deux hommes se rendront en studio pour visionner des extraits du film. Se déroulant dans le nord de l'Angleterre, le scénario inspirera une ouverture musicale interprétée par un groupe de cuivres. Sans véritable démo, McCartney soumettra à George Martin les différentes harmonies et lui demandera de réaliser le reste. Il ne fera que quelques visites seulement lors des sessions d'enregistrement.

Même si la bande sonore reste encore aujourd'hui inconnue, la pièce *Love in the Open Air* aura tout de même mérité à l'époque le prix de la meilleure chanson aux Yvor Novella Awards, récompense prestigieuse en Angleterre. La création de cette chanson aura été provoquée par George Martin, qui a dû appeler McCartney à son domicile pour lui demander une chanson supplémentaire comme trame sonore d'une scène romantique. En moins de trente minutes, celui-ci la composera, sauvant littéralement l'œuvre et lui ouvrant la voie à une reconnaissance publique. John Lennon, alors en visite, aurait également donné quelques précieux conseils pendant la création de la composition[3]. Bien que McCartney ait sa version de la réaction initiale de Lennon, ayant été quelque peu agacé par cette expérience, ce ne sera véritablement qu'en 1994 qu'il apprendra de Yoko Ono la véritable pensée de ce dernier. Celle-ci affirmera que John avait été blessé que l'œuvre ne soit pas créditée à Lennon/McCartney, signature jusqu'alors habituelle pour toute création d'un des deux musiciens. Ignorant à l'époque qu'il choquait son partenaire, McCartney n'hésitera pas par la suite à apposer seul sa signature à la suite de ses diverses collaborations avec Cilla Black, Mary Hopkin et Jotta Herre.

Paul McCartney ne gardera qu'un vague souvenir de ce premier essai dans le domaine de la musique de film, probablement en raison de l'échec commercial de *The Family Way*. Toutefois, l'expérience découlant de la production de la bande sonore sera non négligeable puisqu'elle marquera le premier vol solo de McCartney. Plus de vingt-cinq ans plus tard, il se lancera dans d'autres aventures musicales d'inspiration classique avec *Liverpool Oratorio* (1991), *Standing Stone* (1997) et *Working Classical* (1999). Même si le disque n'a pas été réédité dans sa forme originale au cours des dernières décennies et reste aujourd'hui encore une pièce importante pour les collectionneurs, la compagnie de disques montréalaise ATMA a mis sur le marché une nouvelle interprétation de l'œuvre avec Carl Abut à la guitare et des instruments à cordes.

Après cette pause, les quatre Beatles se réuniront dès la fin de novembre 1966 pour enregistrer ce qui deviendra un des plus grands albums rock de tous les temps: *Sgt. Pepper's Lonely Hearts Club Band*. Paul McCartney, à peine revenu d'un périple au Kenya, en France et en Espagne, aura par la suite de nombreuses occasions de prendre un chemin différent de celui tracé par ses amis. De fait, il n'hésitera pas, le 10 avril 1967, à participer à l'enregistrement de l'album *Smile* des Beach Boys, et plus particulièrement à la chanson *Vegetables*. Mais avant de trouver véritablement sa voie, il lui faudra faire une rencontre déterminante pour l'encourager à changer de direction pour toujours.

Une première nuit avec Linda Eastman

Pendant cinq ans, Jane Asher sera la compagne parfaite pour un McCartney découvrant gloire et prospérité au sein du groupe de l'heure. Le couple se rencontrera le 4 mai 1963 lorsque les Beatles se reposeront au Royal Court Hotel de Londres, tout juste avant une performance au Royal Albert Hall. Si c'est George Harrison qui attirera d'abord le regard de la jeune femme, il ne faudra que quelques heures à Paul pour montrer son intérêt.

De quatre ans sa cadette, la jeune actrice initiera son amant au théâtre, à la peinture et l'incitera, quelques mois avant leur séparation, à acheter une ferme pour s'éloigner des regards indiscrets des médias. «C'est l'endroit le plus paisible sur terre[4]», dira McCartney à Freddy Gillies dans le numéro du 1er juin 1968 du *New Musical Express*, à propos de son domicile à High Park, situé dans un coin reculé de Kintyre Hills en Écosse.

Environ 90 moutons et quelques vaches occuperont le terrain de 55 acres acheté par Paul McCartney. Peu à peu, le musicien s'éloignera de la vie huppée qu'il avait menée jusqu'alors.

C'est Jane qui inspirera au musicien ses premières chansons d'amour dont *And I Love Her* et *Here, There and Everywhere*, les deux chansons les plus réussies, avec *Yesterday*, selon Lennon.

Pendant qu'ils menaient tambour battant leurs carrières respectives, les amoureux renouaient pendant les vacances que leur accordait leur horaire. Malgré les nombreuses rumeurs concernant un futur mariage, Paul attendra jusqu'au 25 décembre 1967 pour offrir à sa fiancée un anneau orné de diamants. Le 1er janvier 1968, le couple se rendra chez les parents de la future mariée pour annoncer le mariage qui aurait lieu pendant l'année. En juillet, la liaison se terminera lorsque Jane surprendra Paul dans les bras d'une autre femme.

Les infidélités de Paul seront nombreuses pendant les trop longs voyages de Asher en Europe et aux États-Unis, passant de la chanteuse folk Julie Felix à la stagiaire de chez Apple, Francie Schwartz. C'est d'ailleurs la relation particulièrement torride avec cette dernière qui mit fin à la relation Asher/McCartney. À l'été 1968, en se rendant plus tôt que prévu à la maison de McCartney située sur la rue Cavendish, Asher surprendra Schwartz dans la robe de chambre de son amoureux, et ce, bien qu'une fan ait averti le chanteur quelques minutes auparavant de l'arrivée de celle-ci. McCartney n'aurait tout simplement pas cru les paroles de la messagère. Jane annoncera la rupture à l'émission *Dee Time*, télédiffusée sur les ondes de la BBC TV le 20 juillet 1968 [5]. C'est pendant sa relation avec Jane Asher que Paul rencontrera celle qui allait devenir l'amour de sa vie.

Un autre événement important viendra «troubler» la carrière et la vie de McCartney: sa rencontre avec une photographe américaine nommée Linda Eastman. Celle qui deviendra sa femme pendant plus de 29 ans arrivera pendant une période de grands tourments personnels et artistiques. À deux reprises, Eastman sera amenée à rencontrer les Beatles lors du séjour en Autriche pour le tournage du film *Help!* (1965) et juste avant le spectacle donné au Shea Stadium en août 1966. Groupie avouée, la photographe du *Fillmore East* de New York devra prendre quelques clichés du groupe en action. Celle que l'on prend trop souvent à tort pour un membre de la prestigieuse famille Eastman (Kodak) avait alors été grandement impressionnée par John Lennon. Tous ces événements se dérouleront bien avant une présentation formelle entre les deux futurs époux. C'est seulement le 15 mai 1967, au club londonien The Bag O'Nails[6], que Paul croisera pour la première fois le regard de cette femme avec qui il partagera non seulement sa vie personnelle, mais également sa carrière en l'incitant, dès la séparation des Beatles, à devenir sa principale collaboratrice.

Le groupe Georgie Fame s'époumone devant McCartney lorsque Eastman s'assoit en compagnie d'Eric Burdon et de Chas Chandler (The Animals) dans la salle. Un *scotch and coke* dans la main, Paul sera présenté à Linda par Chandler alors que celle-ci s'apprête à quitter l'endroit. La chanson *Sitting in the Park* de Billy Stewart à peine débutée, le futur couple bavarde. Paul se rappellera très bien cette soirée qui donnera naissance à leur chanson préférée, *A Whiter Shade of Pale* de Procol Harum, diffusée pour l'occasion en grande première. Linda Eastman visitera cette nuit-là la maison de McCartney, sur l'avenue Cavendish, où elle dit avoir été très impressionnée par la peinture de Magritte ornant un de ses murs. Ils se rencontreront à nouveau quatre jours plus tard dans la maison du gérant des Beatles, Brian Epstein, lors du lancement de l'album *Sgt. Pepper's Hearts Club Band.* La photographe retournera par la suite à New York pour poursuivre sa carrière et ce ne sera qu'un an plus tard que tous deux se reverront, Paul poursuivant sa relation avec Jane Asher et ses nombreux projets avec son groupe. Très rapidement, le musicien comprendra que la photographe est la pièce manquante d'une vie qu'il désire tant. Pour Linda cependant, Paul sera le Beatles qui voudra la marier, accomplissant ainsi son rêve.

Possessif et jaloux, McCartney n'avait jamais accepté les nombreux éloignements que lui imposait la carrière de Jane Asher. Profitant de son statut de vedette et du luxe l'accompagnant, le chanteur se sentira perdu dans ses trop nombreuses relations. L'éclatement des Beatles imminent, McCartney désirera mettre de côté sa vie d'oiseau de nuit et décidera de miser sur une relation amoureuse sérieuse. La vie de playboy ne l'intéressera plus et c'est pourquoi il entretiendra une relation à distance avec Linda. Ils se reverront à Los Angeles et Paul l'invitera, pendant l'enregistrement du *White Album,* à venir passer une semaine dans son domicile situé en Angleterre. À l'automne 1968, tous deux ne pensent plus à se quitter, Linda éloignant toute femme qui désire s'approcher de son amoureux. Dès lors, toutes les chansons d'amour seront destinées à celle qu'il épousera le 12 mars 1969, quelques semaines à peine après que Linda a appris qu'elle était enceinte. Aucun des autres Beatles n'assistera à la cérémonie, démontrant bien les frictions au sein du groupe. Si aucune activité ne sera signalée lorsque Paul et Linda entrent au Marylebone Registry Office de Londres, ils ressortiront sous les fracas de la presse et de fans en larmes. Cette nouvelle union ne plaira pas aux nombreuses femmes espérant toujours un clin d'œil du musicien. Par ailleurs, dans un entretien donné au *US Magazine*, le couple affirmera qu'en trente ans de mariage, il n'a même pas été séparé plus de trois jours au total[7].

La mort annoncée des Beatles

Alors qu'il décidera de changer peu à peu sa vie personnelle, McCartney désirera également faire évoluer à sa manière les trois autres Beatles. Sur le plan musical, certaines frictions seront apparentes et déjà le musicien commencera à composer certaines chansons qui apparaîtront sur son premier album solo intitulé *McCartney* (avril 1970).

La déception entourant la sortie du film *Magical Mystery Tour* (décembre 1967), les nombreux «voyages» dus au LSD et les insuccès d'Apple Corp. fragmenteront les efforts des Beatles. Cependant, le groupe produira à l'été et à l'automne 1968 *The White Album*, un classique pour lequel les Beatles travaillent individuellement. Ainsi, on peut entendre, lors des fameuses sessions Esher effectuées à la maison d'Harrison située au sud-ouest de Londres, des chansons qui ne seront enregistrées que plusieurs années plus tard et qui feront partie de leur répertoire solo respectif. Par exemple, tandis que Lennon chantera *Child of Nature (Jealous Guy)*, Harrison se lancera avec *Not Guilty* et McCartney fredonnera *Junk*. Jamais le désir de voler de leurs propres ailes ne sera aussi évident. La situation ne peut être plus catastrophique: Ringo Starr menacera de quitter le groupe lorsque Paul prendra sa place à la batterie, Lennon invitera Yoko Ono en studio et Harrison ne verra plus l'intérêt d'être présent aux séances d'enregistrement. Seul McCartney restera en poste et veillera à la survie du groupe.

L'album voit tout de même le jour, annonçant le chant du cygne, et il sera enregistré l'année suivante. C'est un John Lennon follement amoureux qui se détachera le plus des Beatles en organisant d'autres projets avec Yoko Ono au cours des deux dernières années avant la séparation du groupe. Lors de la sortie du *White Album*, celui-ci mettra sur le marché le disque *Two Virgins*, un projet Lennon/Ono. En plus des *bed-in* effectués au cours de 1969, il formera avec sa fiancée le Plastic Ono Band, mettant sur le marché d'autres albums aux vertus douteuses. Il en sortira par contre l'hymne à la paix *Give Peace a Chance* et le tout aussi connu *The Wedding Album*. George Harrison lancera également un disque intitulé *Electric Sounds* au cours de cette année tumultueuse. Si ces disques personnels ne mineront pas les ventes des albums du groupe, il n'en restera pas moins qu'ils marqueront un désir de s'échapper d'une triste réalité: la fin d'un groupe-culte. Pendant ce temps, McCartney n'en profitera pas pour concevoir un album mais plutôt pour travailler avec divers musiciens encore inconnus. De surcroît, il en profitera pour penser aux prochaines activités des Beatles.

C'est sans aucun doute les problèmes financiers d'Apple Corp. et la venue d'Allen Klein, nouveau gérant des Beatles, qui marqueront encore plus les différences entre John, George, Ringo et Paul. Ce dernier faisant cavalier seul en privilégiant une collaboration avec les Eastman (la famille de Linda) pour la gestion des affaires du groupe, il entrera constamment en conflit avec les autres. Si la venue de Klein fera perdre plus de cinq millions de dollars aux Beatles en moins d'un an, il n'en restera pas moins qu'il a su négocier à la hausse les contrats américains de distribution de leurs disques. Avant 1967, le groupe touchait un profit de 6 % sur le prix de vente des disques de sa propre compagnie de disques. Ce pourcentage augmentera à 31 % de 1967 à 1969 et atteindra 69 % en 1970. Les différentes clauses prévoyaient qu'en 1972, ce sont 84 % du prix de détail qui irait directement aux Beatles. Cette stratégie aura permis d'amasser 17 millions de dollars en sept mois seulement, somme plus élevée que toutes les recettes obtenues par le groupe depuis sa création. Capitol profitera également de la manœuvre en obtenant à l'époque la permission d'augmenter le prix des albums de 3,70 $ à 7 $. Encore aujourd'hui, les consommateurs doivent payer plus cher pour obtenir un disque des Beatles que pour tout autre artiste. À l'époque, le plaisir de composer deviendra une simple question financière. Plusieurs années plus tard, McCartney avouera que Lennon et lui étaient motivés notamment par l'achat d'une piscine, d'où l'expression favorite du tandem: *Let's write a pool.*

Pour remettre le groupe sur la bonne voie, le toujours enthousiaste Paul pensera à un projet de film intitulé *Get Back*. Mais au lieu de faire un retour, les Beatles s'effriteront devant les caméras des studios cinématographiques de Twickenham dès le 2 janvier 1969. On assistera véritablement à la destruction des Beatles alors que les nombreuses frictions entre les musiciens seront montrées au grand jour. Non seulement le téléfilm sera un échec commercial, mais il démontrera que le groupe a atteint son point de rupture. Libéré de la majorité de ses engagements avec les Beatles à partir de cette année, malgré la production des albums *Abbey Road* et *Let it Be* avec le quatuor, McCartney se réfugiera dans sa ferme achetée auparavant avec Jane Asher pour y enregistrer un premier album.

McCartney I

Les trente-cinq minutes de ce qui deviendra son premier album solo seront assemblées de façon unique. Pour la première fois dans l'histoire de la musique contemporaine, tous les instruments seront joués par un seul musicien et toutes les chansons porteront le sceau de McCartney. Même l'enregistrement des pistes révélera son grand talent. Il tracera la voie pour les années à venir, car plusieurs artistes emprunteront cette façon de travailler. Si un travail de finition a été effectué au studio 2 de EMI et aux Morgan Studios, c'est avec une console Studer de quatre pistes livrée par EMI que le chanteur s'installera dans sa salle de séjour pour mettre sur bande la majorité de ses récentes compositions. Certaines seront celles rejetées par les Beatles (*Junk* [sessions *Abbey Road*], *Teddy Boy* [sessions *Let it Be*], *Maybe I'm Amazed,* et d'autres seront de simples improvisations [*Oo You, Momma Miss America* et *Valentine Day*]). Selon l'expert Mark Lewisohn, McCartney aurait également occupé le studio 3 d'Abbey Road le 23 mars 1970 entre 15 h et 19 h alors que Phil Spector «mixait» *Let it Be* dans le studio 4[8]. Notons que c'est la première fois que George Martin ne faisait pas office de réalisateur d'une production des Beatles. McCartney sera en désaccord avec cet état de choses. À ce moment-là, le musicien supervisera la gravure analogique («masterisation») de son premier album solo en compagnie de Tony Clarke. Pour préserver le secret du projet, c'est sous le pseudonyme de Billy Martin que McCartney occupera le studio. De plus, pour éviter toute tentative de sabotage, il traînera constamment avec lui les bandes maîtresses. Selon certains auteurs, «lorsqu'il a été décidé que le nouveau matériel deviendrait son premier album solo, tout un système de sécurité a été mis en place pour en préserver l'anonymat et ne pas créer de trop grandes attentes de la part du public pour le produit final[9].»

Paul sera véritablement confronté à lui-même puisque le succès de l'album repose sur ses seules épaules, sauf pour quelques chœurs chantés par Linda. Trois chansons seront par ailleurs écrites pour sa femme: *The Lovely Linda, Every Night* et *Maybe I'm Amazed* deviendront des hymnes à leur amour et feront partie des points forts de l'album. D'autres titres dont *Teddy Boy* jouiront de l'innocence du moment. Lors de la sortie de ce disque, McCartney le décrira en trois mots: maison, famille et amour. «Je commençais ma relation avec Linda et cet album était une évasion de mes problèmes avec les Beatles. J'allais à la maison rejoindre ma nouvelle famille, le bébé, ce qui a transformé ma vie... J'étais comme un professeur dans son laboratoire. Un album très simple fait à partir de la base, un pur plaisir. J'aimais bien la chanson *Teddy Boy* que les autres musiciens du groupe n'avaient pas la patience d'écouter[10]», dira-t-il à Paul Du Noyer.

McCartney (Apple PCS 7102) deviendra un album sans détour, expérimental, sans finition et où l'on entendra même les bruits de la ferme. Xylophone, basse, batterie, orgue, guitare acoustique et électrique seront tous joués par McCartney. C'est ce qui fera le charme d'une telle expérience pour le créateur qui, pour la première fois de sa carrière, se lancera seul dans le maniement de tous les instruments. C'est en décembre 1969 que Paul commencera la production en testant son matériel tout en jonglant avec des mélodies qui deviendront *The Lovely Linda*. Une seule prise sera nécessaire au musicien pour cette chanson qui ouvrira cet album tout simple. Le reste des chansons sera constitué d'un pot-pourri d'idées mises ensemble de manière insolente où quelques accords suffisent. Un album de l'innocence, un mal nécessaire pour se détacher des Beatles.

La vie après la mort

Ironiquement, c'est George Harrison qui annoncera le 30 mars 1970 à l'émission *The Beatles Today*, diffusée sur les ondes de la BBC, que Paul travaillait sur un nouveau disque. Mais pour le monde entier, la vie s'arrêtera le 10 avril 1970 lorsque Paul McCartney annoncera par le biais d'un communiqué de presse que les Beatles n'existent plus. La veille, Paul avait appelé John, en résidence quasi permanente avec Yoko à la clinique Janov en thérapie de cri primal, pour lui annoncer la sortie de son nouvel album. Jamais il ne fera mention du communiqué mis en circulation le lendemain. Son premier album solo sortant une semaine plus tard (le 17 avril), le musicien profitera de cet éclat médiatique pour en faire la promotion. Rappelons que George et John avaient auparavant tenté de dissuader leur collègue de sortir aussi rapidement son premier album éponyme. Dans une lettre datée du 31 mars 1970, les deux musiciens écriront qu'il est stupide de la part d'Apple de sortir dans le même mois autant d'enregistrements reliés aux Beatles: *Let it Be* devait voir le jour le 24 avril et *Sentimental Journey* de Ringo Starr dans la même période. Une lettre signée par ceux-ci a également demandé à la compagnie de disques EMI de reporter la sortie de l'album *McCartney* le 4 juin 1970. Évidemment, son créateur en est furieux et ne changera pas la date de parution de son premier album en solo, malgré une visite de Ringo Starr à son domicile pour lui demander de changer d'avis[11]. C'est donc *Let it Be* qui devra attendre jusqu'au 8 mai de la même année avant d'être mis sur le marché.

Trois semaines après sa sortie, l'album *McCartney* deviendra numéro un aux États-Unis et numéro deux en Angleterre. En une semaine, un million d'exemplaires seront vendus. Quelques semaines plus tard, ce chiffre triplera, un succès qui ne permettra pas à McCartney de se réconcilier avec les événements entourant la séparation des Beatles. George Harrison critiquera le travail de son ami: «Je crois que les chansons *That Would Be Something* et *Maybe I'm Amazed* sont bonnes, tandis que le reste du disque est dans la moyenne. J'ai aimé ce nouveau disque même s'il m'a déçu, mais peut-être ne devrais-je pas être déçu parce qu'il est mieux de ne rien attendre de quelqu'un et de tout recevoir comme un cadeau. Les arrangements de *Junk* et *Teddy Boy* auraient dû être mieux réalisés. John, Ringo et moi voyons et rencontrons d'autres musiciens. J'ai l'impression que Paul n'agit pas de la même manière. Linda est la seule personne qui peut lui dire si une chanson est bonne ou mauvaise[12].»

Si la rupture sera brutale pour les fans, elle l'est tout autant pour Lennon qui désirait annoncer lui-même la mort du plus grand groupe rock de la planète. L'opinion publique accusera McCartney d'avoir provoqué la mort prématurée des Beatles; pourtant, c'est un John Lennon désabusé qui avait dit quelques mois auparavant aux autres membres du groupe que cette fructueuse collaboration était terminée. Car, dès janvier 1970, Lennon enregistrera en compagnie de Phil Spector, George Harrison, Klaus Voormann et Alan White la chanson *Instant Karma* qui atteindra la cinquième position sur les palmarès britanniques. Depuis plus de trois mois, le tandem McCartney/Lennon n'est plus en contact et il deviendra évident pour le futur compositeur de *Imagine* que le groupe est séparé. McCartney décidera quelques mois plus tard d'annoncer le tout publiquement. C'est dans un questionnaire destiné à la presse pour la sortie de son album solo que Paul a répondu à la question de Derek Taylor:

— Les Beatles se sont-ils virtuellement séparés?

— Oui, on ne rejouera plus jamais ensemble.

Ainsi que l'a dit Paul, et ceci résume bien le climat de l'époque: «Je n'ai pas quitté les Beatles, ce sont les Beatles qui ont quitté les Beatles.»

Si les Beatles existeront encore sur papier jusqu'en 1974, à la suite de la signature d'un contrat d'exclusivité avec Apple quelques mois après la mort de Brian Epstein, les quatre membres composeront dorénavant séparement. Paul McCartney devra cependant prendre plusieurs mois de recul avant de s'embarquer dans une autre aventure qui lui demandera de repartir à zéro. De nombreux démêlés juridiques empoisonneront la vie du musicien et de ses trois acolytes au cours des 25 prochaines années.

Chapitre II

Battements de Wings
(1970-1972)

Le 30 avril 1970, Paul et Linda quitteront Londres pour se retirer en Écosse jusqu'à la fin de l'année. Pendant cette période difficile, le couple devra survivre grâce aux économies que la photographe a accumulées lors de ses années de travail aux États-Unis. En effet, si Paul McCartney jouit d'une excellente notoriété sur le plan musical, tout l'argent gagné avec les Beatles sera mis en réserve en attendant la résolution du conflit qui l'oppose à Allen Klein. Sa demande de dissoudre l'empire financier des Beatles nécessitera de nombreuses démarches judiciaires en compagnie de John et Lee Eastman (ses beaux-parents) pour récupérer les droits de ses chansons et celles de ses collègues. Par un concours de circonstances, seul le magazine *Life* réussira à prendre contact avec lui dans sa retraite et à obtenir une entrevue exclusive. En effet, à la suite d'un incident où Paul a heurté le photographe accompagnant le journaliste, les deux parties décideront de résoudre le conflit à l'amiable par un entretien où le musicien acceptera de discuter de sa nouvelle vie. Il dira donc au journaliste Richard Meryman que, pendant tout l'été 1970, «en Écosse, j'essayais de me convaincre que je devais poursuivre en justice Allen Klein et que la seule façon de le faire était d'impliquer juridiquement les trois autres Beatles. Je trouve malhonnête la façon d'agir de Klein qui s'accapare de tout ce que je fais[1].» De fait, si Apple gardera momentanément l'argent amassé par les ventes de son premier album, ce ne sera que vingt-cinq ans plus tard que cette guerre juridique sera résolue et permettra enfin la sortie des trois anthologies de deux disques et l'album *1* des Beatles.

Les débuts de cette guerre ne seront pas de tout repos pour le musicien qui avait perdu goût dans toute chose. Il ira même jusqu'à affronter Lennon dans le magazine britannique *Melody Maker* par voie de lettres interposées. L'un insultera l'autre par certains sarcasmes maintes fois publiés. C'est un cauchemar de quelques mois qui commencera alors pour McCartney, désireux de clore le chapitre Beatles. Il sombrera dans l'alcool, la drogue et fera face à de nombreuses désillusions pendant sa réclusion. De plus, il ne prendra même pas la peine de se raser. La responsabilité est lourde, même à une centaine de kilomètres de la capitale.

Installés sur une ferme très rustique de trois pièces où il n'y a pas d'eau chaude, Linda le poussera dans une autre direction. Terminée l'époque où Paul draguait les femmes de club en club; il se consacrera dorénavant à la tonte des moutons et à la menuiserie. Il profitera de ces moments pour devenir un excellent cavalier et faire le point sur sa carrière. Peu à peu, le projet de former un nouveau groupe prendra forme. Il deviendra de plus en plus clair que McCartney désire avoir à nouveau le plaisir de composer en tandem. C'est sur la ferme qu'il apprendra quelques rudiments musicaux à son épouse qui deviendra alors sa principale collaboratrice. Si elle touchera le clavier, c'est surtout aux harmonies vocales qu'elle se démarquera. Ces quelques mois passés en Écosse seront déterminants pour le succès de McCartney dans la décennie à venir. Sa vision différente de la vie le guidera vers d'autres horizons propices à son épanouissement musical et financier.

C'est à la suite de la dissolution des Beatles qu'il fondera McCartney Productions Limited (plus tard MPL) avec la famille Eastman. Les mois qui s'écouleront entre la sortie de l'album *McCartney* et les premiers enregistrements de *Ram* (1971) seront propices à consolider les bases de cette compagnie qui gère encore aujourd'hui toutes les activités de McCartney. Avec le temps, l'entreprise accumulera une fortune évaluée à plus de 1,5 millard de dollars. Propriété de Paul et Linda, MPL grandira avec les années et emploie désormais une vingtaine de personnes occupant les bureaux du 1 Soho Square à Londres.

L'année 1970 s'achève et McCartney a surtout veillé à se refaire une santé psychologique et financière. Au milieu de cette année, Linda et lui n'auront enregistré que quatre démos, soit *Indeed I Do, 1882, Dear Friend* et *Seaside Woman*. Il est temps que la musique reprenne son cours et laisse place à un musicien transformé et plus détaché de la sphère Beatles. Car si George, Ringo et John se reverront le 9 octobre 1970 pour l'anniversaire de ce dernier, Paul ne prendra pas contact avec eux parce qu'il s'est isolé de toute rencontre extérieure. Un possible entretien en décembre aura toutefois lieu à New York entre Harrison et McCartney, sans résultat probant quant au règlement à l'amiable de la dissolution du groupe.

Ram, retour à la terre

Comme le soulignera le guide culturel *Les Inrockuptibles* dans son numéro du 12 au 18 juin 2001[2], *Ram* restera un des disques les plus sous-évalués de l'histoire de la musique pop. Il marquera l'envolée de McCartney et le début de plusieurs années de production intensive où trois autres albums verront le jour en moins de quatre ans: *Wild Life* (1971), *Red Rose Speedway* (1973) et *Band on the Run* (1973). Si, à l'époque, les critiques ne s'empêcheront pas de juger négativement *Ram,* il sera toutefois un album important pour McCartney. À 29 ans, il décidera de reprendre la musique... par les cornes en passant plus de cent heures en studio pour concocter son retour. En novembre et en décembre 1970, il enregistrera les pistes de base de l'album à New York pour ensuite retourner en Écosse pour la période de Noël. Dès le 3 janvier, il ajoutera différentes orchestrations et travaillera de nouveau sur le mixage dans la métropole américaine jusqu'en mars.

C'est en prenant des vacances dans le sud de la France que le couple décidera, en octobre 1970, de s'embarquer sur le paquebot *SS France* en direction de New York, ville d'origine de Linda. Au cours des mois suivants, des auditions détermineront quels seront les prochains musiciens qui accompagneront McCartney en studio pour ce qui deviendra *Ram* (Apple PAS 10003). De fait, les meilleurs musiciens de la mégalopole rejoindront l'ex-Beatles lors de sa première séance d'enregistrement à l'extérieur de l'Angleterre depuis les quatre prises de la chanson *Can't Buy Me Love* au studio Pathé Marconi de Paris le 29 janvier 1964. Simple désir de s'éloigner des tourments juridiques et de la pression de Londres ou simple hasard? McCartney dira qu'à l'époque, le désir de ne penser qu'à la musique le poursuivait. C'est à New York qu'il retrouvera l'inspiration et l'anonymat. Barbu, McCartney déambulera dans la ville sans se faire reconnaître.

Rapidement, le batteur Denny Seiwell embarquera dans l'aventure. Il a été déniché après que Paul a auditionné plus de 10 batteurs dans un local loué pour l'occasion sur 45th Street à Manhattan. Les guitaristes David Spinoza et Hugh MacCracken seront par la suite dénichés en Floride. Les musiciens enregistreront à partir du 10 janvier les chansons *Another Day, Too Many People, 3 Legs, Heart of the Country, The Back Seat of my Car, Big Barn Bed* (qui ne sera gravée que deux ans plus tard sur l'album *Red Rose Speedway*), parmi tant d'autres, au studio B de

Columbia à New York en janvier 1971 et au Sound Recording Studio d'Hollywood en février 1971. À propos de la chanson *The Back Seat of my Car*, McCartney se souviendra: «C'est une chanson très adolescente. La banquette arrière de l'automobile est un mythe très important aux États-Unis. En Angleterre, on aurait pu dire la banquette arrière de ma bicyclette, nous n'avions pas d'automobile. Mais nous avons grandi avec cette idée d'amener une fille sur cette banquette, une place parfaite pour faire de belles rencontres. C'était quelque chose de très romantique pour moi. C'est une chanson basée sur l'image de l'amour à l'adolescence[3].» Au total, trente chansons seront mises sur bande et ce ne sera qu'à l'étape finale du mixage que l'on en retiendra douze. Différents enregistrements pirates nous permettent aujourd'hui de mettre la main sur des chansons inédites, dont *A Love for You* (pour laquelle quatre prises existent), *Rode all Night, Now Hear this Song of Mine, When the Wind Is Blowing, Sunshine, Sometimes* et *Hey Diddle*. À New York, les sessions se dérouleront entre 10 h et 18 h tandis qu'à Los Angeles, les musiciens entreront en studio à 17 h pour n'en sortir qu'après minuit. Même les enfants du couple McCartney restent en studio à une heure tardive. Heather, la fille du premier mariage de Linda, prêtera sa voix aux arrangements de la chanson *Monkberry Moon Delight,* tandis que Mary, encore très jeune, assistera aux différentes scènes en souriant. Denny Seiwell, membre des Wings, se rappellera que les sessions de *Ram* étaient des plus détendues, rapides et, surtout, naturelles malgré l'horaire que leur imposait McCartney. Sur le site *Ram On*, le batteur résumera ainsi simplement sa collaboration: «Lors des sessions d'enregistrement de *Ram*, j'ai mis à profit mon expérience en jazz et en musique brésilienne. Sur les chansons *Back Seat of my Car* et *Long Hair Lady*, j'ai vraiment voulu donner un style et les rythmes du Brésil en studio[4].»

Pour McCartney, il sera vital de revenir à la spontanéité qui faisait la magie des premiers disques des Beatles. L'un des plus grands défis de Paul cependant sera de faire travailler Linda sur ses performances vocales. Sans véritable expérience musicale, la nouvelle collaboratrice de Paul a dû consacrer plusieurs heures aux harmonies de l'album. Ce sera le début d'un apprentissage qui ne s'arrêtera jamais pour elle. Pendant les années qui suivront, celle-ci a souvent été jugée défavorablement pour ses performances vocales. Ironiquement, *Ram* reçoit à l'époque un Grammy Award pour les meilleurs arrangements vocaux…

Pour la production de *Ram*, McCartney fera également appel à l'Orchestre philharmonique de New York. Sans l'aide de George Martin, il donnera une nouvelle texture à trois de ses chansons: *Uncle Albert — Admiral Halsey, Long Haired Lady* et *The Back Seat of my Car*. Lors des séances d'enregistrement, il fera même usage de son ukulele, un instrument pour la première fois mis en valeur dans une chanson rock. Trente ans plus tard, il s'en resservira pour la chanson *Vanilla Sky* (2001).

Rapidement, un premier titre signé Linda et Paul McCartney sera mis sur le marché le 19 février 1971 en Angleterre, avant même la fin de l'enregistrement de l'album *Ram* le 15 mars suivant. Trois jours plus tard aux États-Unis, *Another Day* (Apple R5889), qui ne figurera pas sur le prochain album, deviendra alors le premier 45 tours solo de McCartney. Sur la face B, on retrouvera *Oh Woman Oh Why*, un rock annonçant bien les envolées de *Ram*. Sur le plan des ventes, *Another Day* rivalisera avec les chansons des Beatles. Les critiques seront évidemment acerbes face à cette nouvelle chanson qui va à contre-courant des créations de Led Zeppelin, Pink Floyd et David Bowie de l'époque.

La sortie de la chanson sous le nom de Linda et Paul McCartney créera un certain différend entre le couple et la maison d'édition ATV Music, cette dernière jugeant que la conjointe du musicien n'avait pas le talent requis pour composer une telle œuvre en collaboration et qu'elle ne pourra pas toucher les droits d'auteur. Simple porte de sortie financière, Paul aura jugé que l'inscription du nom de son épouse lui permettrait de recueillir une partie des profits découlant de la vente du 45 tours afin de renflouer ses coffres (en attendant le «dégel» des avoirs des Beatles par la justice). En effet, seule Linda pourra faire vivre la famille McCartney. Le bataille judiciaire entre Lew Grade et MPL (maison de production de McCartney et Eastman) sera vite résolue à l'amiable: le chanteur devra faire une émission télévisée d'une heure au profit de la compagnie de Grade en retour des droits d'auteur de Linda McCartney. Le *James Paul McCartney Show* ne sera diffusé que le 16 avril 1973 aux États-Unis et le 7 juin de la même année en Angleterre. On peut y voir McCartney et les Wings interpréter les chansons *Big Barn Bed, The Mess, Maybe I'm Amazed, The Long and Winding Road, Yesterday, Little Woman Love, Uncle Albert, Another Day, Oh Woman Oh Why, Hi Hi Hi* et un medley reprenant *Bluebird, Michelle, Heart of the Country* et *Mary Had a Little Lamb*. Pour la première fois depuis la séparation des Beatles, le chanteur ira puiser dans son vieux répertoire. Aujourd'hui, différentes versions pirates de l'événement existent.

Soucieux d'enregistrer un disque de premier plan, McCartney ne sera qu'encore plus déçu de la réaction négative des critiques à la suite de la parution de son nouvel album le 17 mai. Pourtant, par rapport à *McCartney* (1970), *Ram* (1971) est un chef-d'œuvre mal reçu par la confrérie journalistique. Dans l'édition d'août 1971 du magazine *Circus*, le chroniqueur rapportera que Paul «voulait simplement faire un album qui ferait du bien aux gens[5].» Formule que McCartney emploiera à toutes les sauces en réaction aux critiques négatives.

Le titre de ce nouvel album lui est venu lors d'une simple balade en automobile en direction de Liverpool pendant laquelle McCartney a imaginé l'impact du bélier sur sa carrière: un animal qui lui permettra d'abattre certaines portes closes pour aller de l'avant. La majorité des chansons seront inspirées de la même façon, c'est-à-dire par la simplicité de la vie de famille du chanteur. Une importante polémique surgira avec Lennon à la suite de la parution du disque: ce dernier verra dans les chansons *Dear Boy, Too Many People* et *3 Legs* des attaques directes à son égard. Ces allégations voleront la vedette à l'album, détournant ainsi l'attention sur des malentendus et non sur la musique. Lennon répliquera en septembre 1971, sur l'album *Imagine*, avec la chanson *How Do You Sleep* et une photo de lui tenant un cochon par les oreilles, une attaque vicieuse envers McCartney. Plusieurs années plus tard, John avouera que ses paroles haineuses lui avaient été dictées par Yoko Ono et Allen Klein, les deux ennemis de Paul.

Alors que les attaques mutuelles dans la presse écrite entre les deux ex-Beatles se multiplieront, McCartney avouera s'être amusé aux dépens de son ami sur *Too Many People*. En entrevue avec Paul Du Noyer, il dira: «Je trouvais que John et Yoko disaient à tout le monde ce que l'on devait faire, d'où la phrase *Too many people preaching pratices*. Ça m'enrageait de les voir agir ainsi. Enfin, c'était la seule attaque.» Lennon n'appréciera pas les paroles de *Dear Boy*, chanson dans laquelle McCartney remerciera pourtant l'ex-mari de Linda (le géologiste Melvin See) de ne pas avoir su apprécier sa femme à sa juste valeur. Plus tard, Melvin See se suicidera. Le texte de la pièce *3 Legs* provoquera également la controverse, qui est pourtant un simple portrait du chien de McCartney auquel il manquait une patte. Si *Ram* a fait l'objet de nombreuses études et a été considéré comme un règlement de comptes, son créateur s'en défend bien: tous les textes sont directs, d'un réalisme sans équivoque. De la pochette intérieure jusqu'à la technique d'enregistrement, ce deuxième album solo de McCartney restera incompris malgré les années.

La touche finale de l'album terminée, la famille McCartney quittera l'Amérique le 12 mai 1971 en direction de Saint-Tropez (France) pour assister au mariage de Bianca et Mick Jagger. Maureen et Ringo Starr les y rejoindront pour l'occasion. Ce sera la première fois depuis la séparation des Beatles que Paul rencontrera Ringo. Neuf jours plus tard paraît enfin en magasin *Ram*, qui atteint les sommets des palmarès; 100 000 exemplaires avaient été commandés à l'avance par les disquaires. Au cours du même mois, le juge Stamp donnera son verdict dans l'affaire de la séparation des Beatles: le groupe n'existe plus et une entreprise s'occupera de répartir les bénéfices. Même si George, Ringo et John accepteront la décision, les démêlés en cour se poursuivront encore pendant deux décennies. Du 15 au 17 juin, McCartney retournera en studio pour enregistrer une version instrumentale de *Ram;* celle-ci ne verra le jour que six ans plus tard.

À la recherche des Wings

Profitant du relatif succès commercial de son dernier album, Paul McCartney prendra quelques mois de vacances pour réviser ses objectifs de carrière. Une chose est certaine pour le bassiste: il désire remonter sur scène au sein d'un nouveau groupe et repartir à zéro. Mais pas à n'importe quel prix, puisqu'il refusera l'offre de George Harrison de rejoindre sur scène les trois autres Beatles dans le cadre d'un concert-bénéfice pour le Bangladesh qui se tiendra le 1er août 1971 au Madison Square Garden de New York. Si Ringo Starr, Eric Clapton, Billy Preston, Leon Russell et Bob Dylan rejoindront Harrison lors de l'événement, McCartney et Lennon refuseront l'offre, ce dernier étant insulté du fait qu'Harrison ne désire en aucun cas la présence de Yoko Ono sur scène. McCartney, quant à lui, tentera à cette époque de se détacher de l'image du défunt groupe et verra en cette réunion un geste inapproprié. Dans un entretien accordé au magazine *Extra* en 1972, il dira que c'est pour éviter tout démêlé avec Allen Klein qu'il ne fera pas un saut au Madison Square Garden. Il se concentrera donc sur sa nouvelle carrière pendant le mois d'août 1971. Tout de même, The Concert For Bangladesh amassera plus de 11 millions de dollars pour venir en aide aux gens de ce pays.

Pour certains auteurs, les premiers balbutiements de ce qui deviendra Wings remontent au 25 juillet 1971 alors que l'ex-Beatles sera accompagné de Linda (chant et claviers), du nouveau venu Denny Laine (guitare) et de Denny Seiwell (batterie) lors d'une réunion tenue secrète. Les résultats seront encourageants et inciteront McCartney à tenir de nombreuses séances de composition. Quelques semaines auparavant, avaient été invités en Écosse, pour quelques séances de répétitions à la ferme, le batteur Seiwell et le guitariste Hugh McCracken, tous deux ayant participé à l'enregistrement de *Ram*. Ce dernier retournera à New York, ennuyé par le calme de la vie à la campagne. Il ne s'envolera donc pas avec les Wings, une occasion unique pour un musicien. Au trio devra s'ajouter un guitariste de talent pour appuyer McCartney à la basse. Rapidement, celui-ci retournera en studio et prendra la route pour tester ses nouvelles chansons devant différents publics. Denny Laine sera choisi pour combler le vide et nécessairement, la musique de McCartney s'en trouvera changée. C'est le 24 juillet 1971 que Laine, alors en production pour son album *Ahhh... Laine*, recevra un appel de Paul lui demandant de travailler avec lui. Évidemment, il mettra tout de côté pour aller rejoindre le chanteur. Les intentions de McCartney seront évidentes: «Je voulais continuer à faire de la musique sans l'aide d'un super-groupe comme Blind Faith. Ça aurait été tellement plus facile et financièrement rentable... Pour moi, la meilleure façon de continuer était de repartir à zéro[6].»

Ahh... Laine

Guitariste et chanteur, Laine quittera les Moody Blues en novembre 1966 avant que le groupe connaisse véritablement le succès. Ses années passées avec les Moody Blues lui permettront, en décembre 1965, de partager la tournée anglaise des Beatles où il rencontrera pour la première fois McCartney. Ce dernier se rappellera très bien une soirée bien arrosée dans la ville d'Edinburgh où les Moody Blues avaient affronté les Beatles au billard; la table n'avait pas survécu à l'événement. Par la suite, le Beatles rencontrera périodiquement Denny Laine et vantera ses mérites sur les ondes de la BBC... en plus de prendre quelques verres en sa compagnie dans différents pubs londoniens. Selon Ross Benson, auteur du livre *Paul McCartney – Behind the Myth,* le gérant des Beatles, Brian Epstein, aurait voulu à l'époque prendre le jeune guitariste sous son aile. Il lui donnera rendez-vous à son domicile le soir de son suicide, laissant Laine frapper à la porte sans obtenir de réponse[7]. La reprise de la chanson *Go Now* de Laine aura grandement étonné Paul, à la recherche, à l'été 1971, d'un excellent guitariste et d'une voix masculine se mariant bien avec la sienne. Qui pourrait bien remplacer Lennon dans un tel contexte? Laine s'avérera le choix idéal. Il rejoindra les Wings après avoir joué au sein de différents groupes dont le Electric String Band (1967-1969), Ginger Baker's Airforce (1970), un autre sans nom mené par Eric Clapton et George Harrison (1970), et Balls (comprenant Steve Gibbons [voix], Denny Laine [guitares], Trevor Burton [basse] et Mike Kellie [batterie], groupe qui se séparera en février 1971). Avec Linda, il sera le seul partenaire musical fidèle à McCartney pendant dix ans, pour le meilleur et pour le pire. Car, malgré les succès que connaîtront les Wings, il sera sous-payé par rapport au travail qu'il effectuera au sein du groupe. McCartney lui versera une pension de 70 livres anglaises par semaine et un logis miteux, auparavant réservé aux animaux de la ferme. Pendant les dix années suivantes, les autres musiciens des Wings subiront un traitement similaire.

Le nouveau quatuor, enfin réuni, s'amusera sur scène dès août 1971 avec les récentes compositions de McCartney pour une éventuelle tournée. L'insonorisation de la ferme sera tellement déficiente que l'on entendra à plusieurs kilomètres les tribulations musicales du groupe, ce qui n'empêchera pas les quatre musiciens de se familiariser avec le style de chacun. De jouer en compagnie d'inconnus effraiera McCartney habitué à une grande complicité avec John, George et Ringo, mais il a fini par trouver l'expérience stimulante. C'est sans aucun doute la principale raison pour laquelle il décidera dans le même mois d'enregistrer en studio un nouvel album. *Wings Wild Life* (Apple PCS 7142) sera entièrement réalisé en moins de deux semaines, voulant ainsi imiter la démarche adoptée par Bob Dylan. Par ailleurs, McCartney reprendra cette méthode de travail dans le cadre d'albums subséquents. Cinq des chansons du disque seront des premières prises, démontrant la certaine spontanéité du processus. Tony Clark (*McCartney*) et Alan Parsons (le futur ingénieur de son de Pink Floyd) seront derrière la console des studios Abbey Road pour mettre sur bande ce désastre. Car le résultat sera le plus décevant de toute la carrière de McCartney qui, aujourd'hui encore, n'hésitera pas à qualifier *Bip Bop* comme étant la plus mauvaise chanson jamais composée. «Il faut vraiment m'aimer pour écouter avec plaisir ce disque», dira le principal intéressé quelque vingt ans plus tard.

Enceinte de Stella Nina McCartney, Linda participera activement aux diverses activités du groupe et à l'enregistrement du disque, moins de trois semaines avant la naissance du bébé le 13 septembre 1971. C'est quelques heures avant la naissance de Stella au King's College Hospital que Paul trouvera le nom de son nouveau groupe. Sa femme devant accoucher par césarienne, le mari attendra dans la salle d'attente en priant les anges et en imaginant les ailes d'un ange libérateur. Ayant jonglé longtemps entre les noms Turpentine et The Dazzlers, il s'arrêtera finalement sur Wings. La presse assistera le 8 novembre au lancement des Wings en plein centre de Londres. Le Empire Ballroom de Leicester Square offira une soirée unique aux invités réunis pour l'occasion. Elton John, Keith Moon, Ronnie Lane, Ronnie Wood et Jimmy Page seront les premiers à entendre le premier album du groupe. Impossible cependant pour le groupe de partir en tournée avant 1972, le temps de prendre un congé mérité en compagnie de Stella...

La véritable naissance des Wings

Pour les fans, les premiers battements d'ailes des Wings en public auront lieu le 3 décembre lors de la sortie en magasin du disque *Wings Wild Life*, premier véritable échec musical et commercial de McCartney. Tout jouera en sa défaveur, de la présentation de l'album au contenu du disque. Le public voit à peine sur la pochette Paul McCartney, guitare en bandoulière au milieu d'un lac où les trois autres membres du groupe semblent l'écouter attentivement. Piètre performance sur les palmarès, l'album n'atteindra que la dixième position aux États-Unis et la onzième en Angleterre. Il contiendra cependant la magnifique *Dear Friend*, une lettre ouverte à John, désirant se réconcilier avec son ancien partenaire d'écriture. McCartney dira par la suite en entrevue: «J'ai écrit cette chanson comme un geste de paix envers mon ami.»

Love Is Strange, un succès attribué au tandem Mickey & Sylvia, *Some People Never Know* (composée en 1969) et *I Am Your Singer* font également partie de l'album. Pas une seule des chansons gravées ne laisse de souvenirs importants dans la discographie de McCartney, qui a même préféré oublier cet essai en studio lors des tournées qui suivront. Pour une des rares fois en carrière, aucun 45 tours ne sera diffusé à la radio, McCartney reléguant à l'anonymat un tel album. Mais avant la fin de janvier 1972, le disque sera certifié or aux États-Unis (500 000 exemplaires vendus). Le principal intéressé sera dévasté par les réactions de la critique: «La façon dont nous avons été traités par la presse lors de la sortie de *Wild Life* m'a vraiment blessé. J'essayais seulement de faire plaisir aux gens et j'étais tourmenté par les critiques qui espéraient quelque chose d'intellectuel[8]...»

Wings Wild Life constituera cependant une étape importante dans la carrière de Paul. Il marquera les premiers balbutiements de son nouveau groupe. De surcroît, il lui permettra de réaliser que les Wings ont rapidement besoin d'un guitariste supplémentaire pour partir en tournée. Si Denny Laine est un excellent accompagnateur, Paul aura besoin d'un soliste qui en mettra plein la vue au public. Après avoir enregistré en janvier 1972 les pièces *Mary Had a Little Lamb, Little Woman Love, Soily* et *1882*, McCartney réalisera qu'il ne peut se permettre de rater son retour sur scène après une absence de plus de cinq ans devant le public (San Francisco en 1966). Le 24 janvier, Laine suggérera donc un certain Henry McCullough pour rejoindre les rangs du groupe. Irlandais d'origine, McCullough a joué aux quatre coins de la Grande-Bretagne avec Eire Apparent avant de partager avec son groupe la même scène que Jimi Hendrix et Pink Floyd. À la suite du succès mitigé remporté par son collectif de folk/rock fusion nommé Sweeney's Men, il rejoint le Grease Band de Joe Cocker après avoir effectué un séjour à Londres. Il traversera les États-Unis avec ce dernier, récoltant une excellente réputation auprès de ses collègues guitaristes après sa prestation au festival de Woodstock. Mais le groupe s'effritera et le guitariste se retrouvera seul, sans véritable projet. Il acceptera donc la proposition de Laine et McCartney de partir en tournée avec les Wings. Ce n'est qu'après de nombreuses répétitions tenues au club Scotch of St. James de Londres que l'offre lui sera soumise. Le lendemain, les McCartney quittent l'Angleterre en direction de New York où une rencontre avec Yoko Ono et John Lennon sera à l'horaire. Les deux parties en arrivent à une entente pendant le dîner: arrêt immédiat des disputes interposées dans les médias.

Le premier enregistrement de McCullough avec les Wings ne se fera pas attendre avec une chanson dédiée à son pays d'origine. Car avant même d'entamer en Angleterre (du 9 au 23 février 1972) et en Europe (du 9 juillet au 24 août 1972) une tournée des universités, McCartney retournera en studio pour réagir aux événements du *Bloody Sunday* où le 30 janvier 1972, le premier régiment des parachutistes de l'armée britannique ouvrira le feu sur une foule de catholiques irlandais réunis à Londonderry. Treize morts et plusieurs blessés marqueront le bilan de cette tragédie qui hante encore les terres d'Irlande. Décidant de prendre position dès son retour de New York, McCartney imitera Lennon en dénonçant, par le biais d'une chanson, l'événement. On enregistrera *Give Ireland Back to the Irish* (Apple R 5936) en une seule journée (le 1er février 1972) pour la diffuser sur les ondes de la radio dès le 25 février 1972, créant toute une controverse auprès des fans et des médias. À la suite de sa sortie, ce qui deviendra la seule chanson engagée de McCartney sera bannie par la British Broadcasting Corporation (BBC). Le responsable des relations publiques de la radio nationale, Rodney Collins, dira que c'est la prise de position politique du chanteur qui était mal placée. Paul s'alliera à la cause des Irlandais, ceux-ci étant nombreux dans sa ville d'origine, Liverpool. Dès le mois de mars, la chanson montera tout de même à la treizième position sur les palmarès britanniques et obtiendra la première place en Irlande et en Espagne, permettant ainsi à McCartney de s'attirer les faveurs d'un nouveau public. Yoko Ono lui dira pour l'occasion: «Toutes nos félicitations, ta musique devient de plus en plus *underground*!»

Prévoyant partir en tournée le 8, Paul tiendra, du 2 au 7 février, des séances de répétitions au Institute of Contemporary Arts (ICA) de Londres. Si seulement 50 secondes du film tourné pour l'occasion ont à ce jour été rendues publiques, on sait que l'atmosphère était détendue, le groupe buvant de nombreuses canettes de Coke et fumant cigarette après cigarette pendant les pauses. Mêlant plaisir et travail, Paul avait le goût de s'amuser, de relaxer. La première tournée des Wings en Angleterre sera un autre retour aux sources pour Paul. Six mois de répétitions, un album et un 45 tours plus tard, son groupe sera enfin prêt à jouer sur scène pour une série de concerts imprévus. Pas question pour celui-ci de reprendre du matériel enregistré par les Beatles. «Les Wings voleront de leurs propres ailes ou ne vivront pas», dira-t-il en prenant la route pour la première université que le groupe croisera sur son chemin. Avec Linda sachant à peine quelques accords et un groupe devant s'acclimater à la venue d'un nouveau guitariste, la tâche sera ardue pour Wings. Paul anticipera la pression du public et des médias, très critiques face à ses trois premiers disques. Après six ans d'absence, une certaine prudence l'incitera à ne pas remonter sur de trop grosses scènes et à éloigner le plus possible la presse des endroits où Wings se produira. McCartney désirera à tout prix éviter toute comparaison avec les concerts des Beatles et décidera de s'embarquer dans une aventure où aucune date ni aucun endroit ne seraient réservés pour accueillir son groupe. «Tout ce que nous recherchions, c'était une autoroute que nous connaissions bien, la M1 s'est avérée être notre premier choix. Je ne savais pas comment aller à l'ouest ou au sud sur un tel type de route, et en prenant la sortie pour Ashby-de-la-Zouch, nous sommes partis à la recherche d'une université. Pas de chance, il n'y en avait pas[9]...»

C'est dans une caravane que le groupe et tout son équipement fileront tout d'abord vers l'université de Nottingham, le premier endroit que les Wings croiseront sur leur chemin. Le 8 février vers 17 h, le directeur de tournée Trevor Jones se rendra à l'association étudiante de l'institution pour lui faire part de la visite du groupe et de son désir de se produire sur sa scène le lendemain midi. Surpris mais enthousiastes, les étudiants prépareront le terrain pour l'équipement du groupe qui arrivera le lendemain matin à 8 h 30. Quelques affiches seront alors collées pour annoncer un événement que peu croient possible, mais qui se tiendra moins de quatre heures plus tard avec, en première partie, un groupe nommé Brinsley Schwarz. C'est d'ailleurs à celui-ci que les Wings emprunteront l'équipement, le groupe étant encore dépourvu de matériel de scène.

Les sept cents étudiants réunis pour le premier concert de cette tournée entendront alors une prestation d'environ 45 minutes où quatorze chansons seulement feront partie du répertoire. Les chansons *Lucille, Give Ireland Back to the Irish, Blue Moon of Kentucky, Seaside Woman, Help Me Darling, Some People Never Know, The Mess, Bip Bop, Say Darling, Smile Away, My Love, Henry's Blues, Wild Life* et *Long Tall Sally* seront chantées par le groupe. Dans le programme officiel de la tournée suivante, «Wings Over Europe», Denny Laine précisera que tous les concerts de la première tournée avaient été enregistrés[10]. En circulation parmi les fans, le disque *Wings Over Nottingham* (SCD1023) représente bien l'ambiance de ce premier tour de piste. Mais avec un répertoire aussi court, les Wings devront répéter les mêmes chansons, inventant une demande spéciale bidon pour justifier une reprise en guise de rappel.

Le coût d'entrée exigé pour les concerts étant d'une demi-livre anglaise (1 euro ou 1 dollar), les Wings pourront se promener dans la ville de Nottingham avec plus de 30 livres en poche, évidemment en pièces de monnaie! Le deuxième arrêt de cette tournée se fera le jour suivant à Leeds, au Yorkshire. Même scénario, les Wings arriveront à l'improviste et demanderont aux étudiants de se produire dans leur université le jour même. En moins de 24 heures, le groupe se produira de nouveau sur une scène différente. Cette fois-ci, la nervosité aura raison des musiciens alors qu'en ouverture, au moment d'entonner la chanson-titre du dernier album, *Wild Life,* aucun son ne sortira des haut-parleurs du clavier. Linda sera totalement paralysée par la peur. Paul viendra à sa rescousse, mais sans succès puisqu'il aura également oublié les accords! Sous les applaudissements de la foule, le tandem réussira tout de même à s'en tirer honorablement. Si ce concert n'est pas le plus mémorable de la carrière des Wings, il restera important dans l'évolution musicale de Linda.

Les conditions de vie du groupe seront réduites au minimum lors de cette tournée. Sans itinéraire ni réservations, les Wings devront souvent loger dans d'obscurs hôtels. Pour réduire les coûts, les assistants de tournée partageront le même lit dans des chambres minuscules. Constatant la situation, un réceptionniste appellera la police pour accuser deux membres de l'équipe des Wings de relations homosexuelles!

Neuf autres villes seront visitées par les Wings pendant le mois de février 1972: Hull (le 11), Newcastle (le 13), Lancaster (le 14), Leeds (le 16), Sheffield (le 17), Manchester Salford (le 18), Birmingham (le 21), Swanson (le 22) et Oxford (le 23). C'est seulement lors de l'arrêt à Lancaster que la presse pourra parler au couple McCartney pour en savoir plus sur ses dernières péripéties. C'est la célèbre publication *Melody Maker* qui sera la première à recevoir les commentaires de Linda sur ses performances scéniques: «Le groupe joue ensemble depuis cinq jours à peine et la réponse du public est très favorable. J'adore l'atmosphère de cette tournée, c'est en fait des vacances sur la route!» dira-t-elle. En quatorze jours, les Wings pourront se vanter d'avoir effectué une tournée réussie, et ce, malgré certains refus d'universités qui ne pouvaient accepter les troubadours, ne pouvant leur offrir une salle convenant à leurs élans musicaux. Ce succès remporté incitera McCartney à s'embarquer pendant la même année dans une tournée européenne de plus grande envergure. Mais avant, il retournera en studio pour enregistrer quelques récentes compositions. Le 28 février, les Wings s'envoleront pour Los Angeles dans le but de travailler sur le prochain disque.

Red Rose Speedway

Sans prendre de véritable pause, le bourreau de travail qu'est McCartney travaillera sur l'album qui ferait oublier l'échec de *Wild Life*. Il a comme projet un disque double, fruit des récents efforts des Wings. Si celui-ci ne sortira qu'en 1973 et sur un seul disque, les premiers titres seront mis sur bande en Californie en mars 1972: *My Love, Big Barn Bed, One More Kiss, Single Pigeon, When the Night, Loup, Hold me Tight /Lazy Dynamite/Hands of Love/Power Cut, Momma's Little Girl, Thank You Darling, Tragedy, The Mess, Night Out, Jazz Street* et *Best Friend*. Pour faciliter le travail, on fera appel au réalisateur Glyn Johns à la suite de l'arrivée le 20 mars du groupe au Olympic Sound Studios au sud-ouest de Londres. Mais certains différends amèneront Johns à quitter la production le 17 avril suivant. Accompagné par Laine, McCullough et Seiwell, le couple McCartney élargira tout de même son répertoire, ce qui lui permettra pendant l'été qui suivra de prendre la route vers l'Europe pour y donner une série de 27 concerts.

Mais auparavant, le 45 tours *Mary Had a Little Lamb* (Apple R 5936) et la face B *Little Woman Love* envahiront le marché le 12 mai 1972 en guise de réplique à la censure de la BBC envers la chanson *Give Ireland Back to the Irish*. Cet extrait, une composition enfantine sans valeur musicale, désirera avant tout attirer l'attention par sa naïveté. McCartney avouera que cette chanson «a été écrite pour notre fille Mary. J'ai réalisé qu'en la chantant, elle la comprenait très bien. On peut vraiment s'attendre à tout des

Wings... J'ai lu récemment que la petite fille de Pete Townshend (The Who) en possédait un exemplaire! J'aimerais que *Mary Had a Little Lamb* reste dans le cœur des cinq ans et moins[11].» Ce qui n'empêchera pas la chanson de se hisser à la neuvième position sur les palmarès britanniques (position 28 aux États-Unis) et de remettre le compositeur en vogue sur les ondes de la radio.

Après avoir passé quelques semaines en studio et développé le répertoire des Wings au printemps, le groupe se sentira prêt pour attaquer une deuxième tournée, celle qui les amènera en France, en Allemagne, en Suisse, au Danemark, en Finlande, en Suède, en Hollande et en Belgique. Les répétitions auront lieu dans un ancien cinéma, converti par le groupe anglais Emerson, Lake & Palmer. Du 22 au 29 mai, le Scotch of St. James sera occupé par les Wings; puis, du 3 au 6 juillet, ils reprendront leurs répétitions au ICA.

C'est dans un autobus à deux étages et aux allures psychédéliques que le groupe entreprendra une aventure qui débouchera sur la conquête du monde lors de la tournée mondiale de 1975-1976. Tous les efforts effectués assureront le succès de l'opération charme, notamment grâce à l'érection de deux projecteurs pour présenter des extraits de films pendant le concert. On embauchera même le photographe Robert Ellis pour documenter le tout. Si les profits de chacun des concerts seront minces à cause des différents coûts de production, les McCartney désireront avant tout se faire reconnaître en tant qu'artistes à part entière. Terminée l'époque des voyages improvisés alors que les Wings se produiront dorénavant dans des salles plus prestigieuses, et ce, devant des milliers de personnes. Premier arrêt: le 9 juillet 1972 à Château-Vallon, où aucun titre des Beatles ne sera entonné pendant les 90 minutes que durera le spectacle. Pour McCartney, la tournée sera la suite logique de celle entreprise en Angleterre. Pas question cependant de laisser au hasard son entrée en sol européen: «J'ai pensé que de commencer par le sud de la France nous permettrait de prendre contact avec le continent en faisant provision de soleil et en prenant le moins de risques possible. Un sprinter qui s'arrête de courir pendant un certain temps doit beaucoup s'entraîner avant de reprendre la compétition... Je ne veux en aucun cas brûler les étapes[12]», dira-t-il.

Le plaisir des cinq musiciens à se produire sur scène sera évident alors qu'ils entonnent un répertoire plus complet et qui changera de représentation en représentation. De fait, les Wings pigeront dans un bassin de chansons qu'ils ont consolidées avant de reprendre la route. Le programme de la tournée fera mention que 22 chansons pourront être interprétées sur scène. À ce chapitre, notons quelques futurs succès dont *My Love, Hi, Hi, Hi* et quelques extraits des trois premiers albums de McCartney: *Smile Away, Mumbo, Junk, Eat at Home* et *Maybe I'm Amazed*. Un programme complet qui ravira les fans venus des quatre coins de l'Europe. Que ce soit en simple salopette ou en costume blanc, McCartney se montrera solide derrière sa Rickenbacker et sa Gibson tandis qu'Henry McCullough et Denny Laine seront confiants et enjoués. Ce dernier prendra souvent l'avant-scène pour annoncer, en français, les chansons lors des deux concerts donnés à l'Olympia de Paris le 16 juillet. Près d'une semaine plus tard, le groupe chantera plus de 20 chansons au public réuni à Montreux (Suisse). Notons que les Wings improviseront et enregistreront à Amsterdam *Complain to the Queen* lors d'une entrevue et la future face B *The Mess* en concert. *Best Friend* restera le dernier enregistrement effectué lors de l'avant-dernier concert donné en Belgique.

Cette série de spectacles sera également le test ultime pour Linda McCartney qui ne maîtrise que quelques accords de son instrument, compliquant en cela la tâche de tous les membres des Wings. La presse fera même courir la rumeur que Paul ne ferait plus recours sur scène au service de sa bien-aimée. Celui-ci démentira la nouvelle et appuiera les efforts de son épouse jusqu'à la fin de la tournée. Plusieurs diront que c'est l'enthousiasme et la bonne humeur de Linda qui constitueront le cœur des Wings et que sans celle-ci, le groupe n'aurait jamais survécu. Paul commentera la chose avec tact: «Nous aimons avoir Linda avec nous dans le groupe. Elle a une grande influence sur nous tous, même si elle n'est pas une Billy Preston aux claviers. Linda n'est pas une pro et si les gens ne l'apprécient pas, ils ne devraient pas venir à nos concerts la prochaine fois. Je ne pourrais penser autrement. De toute façon, comment Linda pourrait-elle quitter le groupe? Elle vient juste de le joindre[13].»

C'est pendant ce périple qui devra se terminer le 24 août que l'image de gentil garçon de McCartney sera ternie par son arrestation le 10 août 1972 dans la ville de Göteborg, en Suède, pour possession de cannabis. À la fin d'une prestation endiablée au Scandinavium Hall, la police suédoise interpellera Paul, Linda et

Denny Seiwell après avoir découvert sept onces de marijuana dans une enveloppe en provenance de Londres. Selon John Morris, membre de l'équipe de tournée, c'est à la suite d'une interrogation de trois heures que le clan McCartney avouera être le destinataire de l'envoi et consommateur régulier de la substance illicite. On apprendra alors que le groupe devait recevoir de la drogue par la poste dans chaque pays visité, évitant ainsi de traverser les frontières avec les substances. Le procureur Lennart Angelin libérera finalement les accusés deux jours plus tard en échange d'une caution de 2000 $. Cet incident sera le premier d'une série d'autres puisque le 20 septembre suivant, l'agent de police Norman McPhee se rendra sur l'une des fermes des McCartney située à Campbeltown et y découvrira quelques plants de marijuana... L'histoire fera la manchette de tous les journaux alors que le principal intéressé admettra avoir fait pousser la plante sans toutefois en connaître le nom. McCartney devra payer une amende de 100 livres. Si, pour l'instant, le musicien s'en tire bien, il en sera autrement lors de son entrée en sol japonais, sept ans plus tard.

Après avoir savouré le succès de sa dernière tournée, Paul envisagera déjà la sortie d'un autre album pour l'automne 1972. Le 3 septembre, il entrera en studio en compagnie du batteur du groupe Led Zeppelin, John Bonham, pour enregistrer les premières pistes de la chanson *C Moon*. McCartney est alors à la recherche d'un son plus rock, l'antithèse de son simple précédent, *Mary Had a Little Lamb*. Pour Denny Seiwell: «Paul avait alors grandement besoin de chansons qui n'étaient pas comme *Bip Bop* ou *I Am Your Singer*, le genre de compositions naïves qu'il avait auparavant chantées. Nous devions alors travailler sur du matériel plus solide et qui fonctionnerait bien sur scène[14].» En octobre, les Wings travailleront sur le prochain extrait qui sera dédié à la radio *Hi Hi Hi* ainsi que sur différentes pièces dont *Country Dreamer, I Lie Around* et *Live and Let Die,* la chanson du film mettant en vedette la huitième aventure de l'agent 007, incarné alors par Roger Moore. Fans de James Bond, les Beatles avaient été approchés dans les années 1960 pour réaliser une chanson, sans succès cependant. Dix ans plus tard, ce sera à McCartney de relever le défi. Les musiciens des Wings réunis en studio seront étonnés de voir qu'en moins de dix minutes Paul McCartney aura créé la fameuse ligne mélodique qui servira de base à la chanson. C'est en imitant les scènes d'action du film que le compositeur trouvera les rythmes et les paroles de son prochain succès. Selon divers membres des Wings, ce serait en moins de trois heures que le processus de création et d'enregistrement aurait été effectué en studio. McCartney commentera: «En tant qu'auteur-compositeur et interprète, j'ai toujours été intéressé à faire des choses difficiles. Une de ces choses est de composer une chanson pour un film de James Bond. Alors, un samedi, j'ai lu le livre de Ian Fleming et le lendemain, au piano, j'ai écrit la chanson. Je ne voulais pas lire le manuscrit du film, je voulais m'imprégner de l'atmosphère originale. Linda a composé la partie reggae de la chanson, et voilà[15]!» Ce projet permettra également à McCartney de renouer avec George Martin, le cinquième Beatles. Alors que celui-ci assumera toute l'orchestration de la musique du film, Paul se limitera à présenter la chanson-titre aux producteurs du film. Lors de la remise de la bande maîtresse, ceux-ci l'auraient qualifiée de démo et exigé certaines améliorations. De plus, l'ensemble vocal de la chanson devait être assuré par une certaine Brenda Arnau. Mais pour McCartney, il ne sera nullement question de changer cet enregistrement et surtout pas sa voix! Il aura raison en juin 1973 lorsque le titre atteindra la deuxième position sur les palmarès américains et obtiendra une nomination lors de la cérémonie des Oscars de 1974 dans la catégorie de la meilleure chanson de film.

La sortie du troisième 45 tours des Wings le 1er décembre 1972 suscitera encore la controverse. *Hi Hi Hi* (Apple R 5973) sera à son tour censurée par la BBC pour ses soi-disant références au sexe et à la drogue: «I want you to lie on the bed and get you ready for my polygon and do it, do it, do it to you... Like a rabbit I'm going to grab it and do it till the night is done.» Cela permettra tant à la face B, *C Moon*, qu'à *Hi Hi Hi* de se hisser au *top* 10. McCartney réussira l'impossible: loger deux de ses titres sur les palmarès radio malgré l'interdiction de diffusion de l'une d'entre elles. Le moment opportun de mettre la main à la pâte pour la sortie d'un nouvel album de chansons inédites.

Chapitre III

Band on the Run en orbite sur *Venus and Mars*
(1973-1976)

L'année 1973 débutera alors que Paul McCartney et les Wings viennent tout juste de terminer, le 13 décembre 1972, un «acétate» de deux disques, regroupant plusieurs titres gravés pendant l'année dans cinq studios différents. Étant donné la quantité suffisante de matériel, McCartney aura initialement l'intention de sortir le premier album double du groupe. Les chansons enregistrées en mars 1972 pourraient enfin voir le jour avec de légères modifications effectuées quelques mois avant la sortie en magasin de l'album *Red Rose Speedway*. Malheureusement, celui-ci ne sera constitué que d'un pot-pourri de thèmes et de huit chansons dont la romantique *My Love*. La sortie de cet extrait (Apple R 5985) en mars propulsera la carrière de McCartney. Cette ballade atteindra rapidement le sommet des palmarès: «C'est une chanson d'amour que j'ai écrite pour Linda. Je me suis assis au piano et je me suis demandé comment je me sentais. Nous étions mariés depuis quelques années seulement, nous avions un enfant et tout était fantastique. Je l'aimais et elle m'aimait, que demander de plus? J'ai simplement écrit cette chanson que je voulais être la plus belle[1]», dira le chanteur vingt-cinq ans plus tard.

Musicalement, si *Red Rose Speeway* comprendra quelques claviers, les guitares prendront souvent le devant de la scène. Le solo du guitariste Henry McCullough sur *My Love* reste encore aujourd'hui un des plus romantiques jamais composé. Malgré le rythme infernal des sessions d'enregistrement des Wings, McCullough a pris plusieurs jours à travailler sur ces quelques lignes mélodiques. Rien à voir avec la mièvrerie du premier album des Wings, *Wild Life*.

Sur la pochette de cet album, on verra McCartney devant une motocyclette avec une rose dans la bouche. Il se souviendra: «Lorsque nous avons pris cette photo, j'écoutais l'album *Innervisions* de Stevie Wonder à côté de cette motocyclette. Linda a tout simplement pris des photos de ce moment. En ce qui concerne le titre, il n'a rien à voir avec le nom de la gardienne de ma maison, Rose[2].» D'ailleurs, un message en braille destiné à Stevie Wonder sera gravé à l'endos de la pochette, un geste montrant toute l'admiration de McCartney pour le musicien aveugle. De fait, le concept de l'album est luxueux, comprenant un livret de 12 pages à l'intérieur de la pochette. Ce sera le début d'une longue série de disques où la présentation deviendra tout aussi importante que le contenu.

Pour assurer à son nouvel album de bonnes ventes, McCartney décidera de miser sur un album simple et de joindre, sur la pochette, son nom à celui de Wings. De plus, il attendra en avril 1973 pour le lancement, profitant ainsi de la sortie, le même mois, de deux albums doubles des Beatles (*1962-1966* et *1967-1970*). On le surprendra d'ailleurs à dire, pour mousser l'intérêt envers sa musique, qu'une réunion des Beatles est toujours possible, un mois après que Ringo Starr eut affirmé le contraire. Alors qu'Allen Klein décidera de traîner devant les tribunaux un John Lennon désespéré, toute l'attention du public se tournera vers Paul. Il sera prêt pour le grand retour. Même la sortie de la chanson *Give Me Love (Give Me Peace on Earth)* et de l'album *Living in the Material World* de son ancien acolyte George Harrison en mai suivant ne réussira pas à éclipser ce triomphe. Pour Paul et Linda cependant, *Red Rose Speedway* restera l'album du compromis, insatisfaits de la tournure de la production. Le couple blâmera le manque de confiance du groupe pour le manque d'originalité du disque.

Pour couronner la sortie du nouvel album, la famille McCartney se rendra en Jamaïque à la fin d'avril pour se reposer. Paul y composera le titre *Magneto & Titanium Man* avant de rencontrer Dustin Hoffman sur le plateau de tournage du film *Papillon*, doté d'un budget de 12 millions de dollars et mettant en vedette Steve McQueen. Rapidement, un rapport privilégié s'instaurera entre l'acteur et le musicien. Au cours d'une rencontre, Hoffman confiera à McCartney sa fascination pour les compositeurs et tout le processus de création d'une chanson. Il demandera donc au musicien de lui en créer une devant lui, en lui tendant un article du magazine *Times* faisant état du décès de Picasso. Ayant sa guitare à ses côtés, McCartney grattera quelques accords et signera *Picasso's Last Words* en quelques secondes seulement. Le refrain deviendra un hymne au peintre qui prononça cette dernière phrase avant de se retirer pour toujours: «Amis, buvez pour moi, buvez à ma santé, car vous savez que je ne peux plus boire.» Hoffman aurait en sa possession un enregistrement de ce moment privilégié. Le public devra toutefois attendre le prochain album des Wings pour entendre la chanson.

De retour de vacances et après l'enregistrement du *James Paul McCartney Show*, émission télédiffusée au printemps avec plus ou moins de succès aux États-Unis et en Angleterre, les Wings s'embarqueront dans une véritable première tournée en sol britannique, le test ultime pour McCartney qui désire reconquérir le public anglais. Cette série de concerts n'aura rien à voir avec celle entreprise auparavant dans les universités. Du 11 mai au 10 juillet 1973, les villes de Bristol, d'Oxford, de Manchester, de Liverpool, de Newcastle, de Glasgow, de Sheffield et de Birmingham seront visitées dans le cadre de ce marathon de 19 représentations. C'est le 12 mai, dans la ville d'Oxford, que la presse sera invitée pour donner son verdict sur les prestations en public du groupe. Les commentaires favorables des critiques mettront l'accent sur la qualité du concert et permettront aux Wings de s'envoler en obtenant une première reconnaissance nationale. Même Linda sera plus confiante derrière ses claviers, oubliant les déboires de la tournée européenne de l'an dernier. Malgré tout, on sentira Paul très nerveux car rien ne laissait présager une réaction aussi enthousiaste des fans, exigeant même de revoir l'itinéraire pour répondre à une demande sans cesse grandissante. Dorénavant, seules les grandes salles de concert pourront accueillir la musique des Wings, de plus en plus rock. Lors du spectacle donné dans la ville de Sheffield, la formation lancera l'énergique *Soily* en guise d'entrée en matière pour ensuite poursuivre avec des extraits de leurs deux derniers albums. Pour la finale, *Live and Let Die, Go Now, Say You Don't Mind*, *The Mess*, *Hi Hi Hi* et *Long Tall Sally* défonceront les haut-parleurs. Il est intéressant de noter que le groupe prépare déjà le répertoire qui sera mis de l'avant deux ans plus tard lors de la tournée mondiale.

Pendant ce mois de spectacles, les rumeurs circulent dans certains magazines tels que *Melody Maker* et *The Record Mirror* selon lesquelles Denny Seiwell et Henry McCullough s'apprêteraient à quitter le groupe[3]. Seiwell ira même jusqu'à spéculer sur une possible réunion des Beatles. Mais la tournée se poursuivra sans véritable anicroche alors que les Wings joueront de mieux en mieux. La chimie développée au cours des deux dernières années annonce que le meilleur reste à venir. C'est pourquoi, à l'été, McCartney s'empressera de retourner en Écosse, au Rude Studio, qui lui appartient, avec sa bande. Il y enregistrera quelques nouvelles chansons dont *Jet, Mine for Me, Leave it* et *Let Me Roll it.*

Les Wings éclatent

Alors que les Wings resteront en studio pour travailler sur ce qui deviendra l'album le plus populaire de 1973, *Band on the Run*, McCartney décidera que certains enregistrements devraient se faire dans en endroit exotique: «Je pensais que ce serait bien de sortir du pays pour l'enregistrement. J'ai demandé à la maison de disques EMI où celle-ci avait des studios utilisables. On nous a envoyé une note qui disait Brésil, Chine et d'autres pays. Il y avait la ville de Lagos au Nigeria. Je me suis dit que ce serait parfait puisque j'adore la musique africaine[4].» Paul s'inspirera de George Harrison qui avait déjà eu recours au même procédé en se rendant à Calcutta pour y graver de la musique indienne. C'est également pour des raisons fiscales que les Wings sortiront du pays pour enregistrer *Band on the Run*, la couronne britannique retenant plus de 90 % des bénéfices.

Tel que le soulignera le batteur Denny Seiwell, une bonne partie du disque avait déjà été enregistrée sur le deux pistes du Rude Studio au cours de la première semaine du mois d'août[5]. Pendant cette courte période, un conflit éclatera entre le leader des Wings et le guitariste Henry McCullough à propos d'un passage que ce dernier ne désirait pas jouer. En gérant la situation à sa façon, McCartney a poussé celui-ci à se retirer en raison de visions musicales divergentes. Le guitariste poursuivra sa carrière en compagnie d'artistes tels que Joe Cocker, Roy Harper, Marianne Faithfull, Ronnie Lane, Donovan, Frankie Miller et Eric Burdon. Il rejoindra également le Grease Band un peu plus tard. La version officielle voudra que ce soit McCullough qui quittera McCartney la veille du départ des Wings pour le Nigeria.

Pour Denny Seiwell, la situation sera catastrophique. Après tout ce travail effectué pour faire des Wings un groupe rock respectable, le voici qu'il se dissout peu à peu. Pour McCartney cependant, le départ de McCullough ne causera pas de véritable problème puisqu'il ajoutera les guitares un peu plus tard au mixage, comme il l'avait si bien fait pour l'album *Ram*. Mais la veille du départ prévu pour le Nigeria, le batteur sera effrayé à l'idée de se rendre en Afrique et téléphonera à Paul pour lui annoncer son intention de ne pas le suivre à l'extérieur des frontières britanniques. Le désir de reprendre le chemin des studios avec des musiciens différents, les nombreux conseils d'amis et le manque d'argent influenceront Seiwell dans sa décision. Lorsque l'avion décollera le 9 août 1973, les Wings seront réduits à leur plus simple expression: le guitariste Denny Laine et le couple McCartney. Pour les aider dans leur tâche, l'ingénieur de son Geoff Emerick sera presque kidnappé par Paul à son domicile pour qu'il l'accompagne dans sa mission. À son retour, le groupe aura dans ses valises un album qui se vendra, au cours des vingt-cinq prochaines années, à plus de onze millions d'exemplaires dans le monde entier.

Les Wings en Afrique

Le départ pour l'Afrique n'aura pas été préparé par les voyageurs, insouciants des nombreux dangers qui les attendront. Paul frôlera même la mort à deux reprises. Ayant oublié de se faire vacciner, les McCartney seront exposés à diverses maladies comme le choléra, la typhoïde, la poliomyélite et autres maladies infectieuses. De plus, s'attendant à se reposer au soleil, Paul sera à la place accueilli par la saison des pluies et tombera malade quelques jours après son arrivée. Linda pensera que les derniers moments de Paul se dérouleraient en sol africain en le voyant dans un tel état. Heureusement, seules les bronches seront touchées et plusieurs jours de repos lui permettront de s'en remettre. Par la suite, lors d'une balade en direction de la résidence louée pour Denny Laine, le couple se fera sauvagement attaquer par des brigands qui emporteront avec eux les bandes contenant les nouvelles chansons. Selon les autorités, McCartney a été chanceux de ne pas se faire abattre sur-le-champ par ses attaquants, ces derniers n'hésitant pas à tuer toute personne qui pourrait les reconnaître. De surcroît, l'artiste se fera accuser pendant la même période de plagier la musique africaine par Fela-Ransome Kuti. Ces conditions difficiles le pousseront à produire du matériel justifiant autant d'efforts. Redoublant d'ardeur, il enregistrera de nouveau les sept chansons sur les dix qui constitueront *Band on the Run*.

Denny Laine se souviendra très bien de son arrivée au studio de EMI situé à Lagos: «La moitié de l'équipement ne fonctionnait pas! En fait, rien n'était branché. C'était comme recommencer à nouveau avec Paul à la batterie et moi à la guitare. Tout un défi que nous devions relever en peu de temps. À l'image d'un studio maison, personne ne savait ce que l'on faisait. Nous avons passé tant d'heures à parler de tout et de rien que nous avons développé un esprit de groupe. Un album-concept très important en a découlé[6].» De surcroît, pour l'ingénieur de son Emerick, tout était à construire dans le petit studio où s'entasseront à l'arrière cinquante personnes occupées au pressage des disques. Un seul magnétophone, un Studer huit pistes, trônera fièrement dans la salle de contrôle où une console de mixage défectueuse sera laissée à l'abandon. Même les panneaux acoustiques ne seront pas tout à fait au point; l'installation des vitres semblait avoir été oubliée. Pour ce qui est des micros, de nombreuses recherches permettront de les retrouver dans de vieilles boîtes en carton... C'est avec l'aide d'Innocence, le gérant de l'endroit, qu'Emerick réussira à rendre le studio utilisable.

À une heure de route de l'endroit, Paul louera deux maisons pour loger les membres de l'équipe, constituée de Laine, d'Emerick, de deux assistants et de la famille McCartney. Alors que ses collègues se battront avec les araignées et les lézards dans leur nouveau domicile, Paul se rendra régulièrement au club local pour faire un saut à la piscine. C'est en échange d'un autographe qu'il aura accès aux espaces réservés aux membres seulement. Selon l'expert Mark Lewisohn, ce ne sera que vers 15 h que les Wings se rendront en studio pour y ressortir vers 22 h[7]. L'atmosphère sera détendue et les fins de semaine, consacrées au tourisme, permettront à McCartney de reprendre ses esprits après les récents événements. Toutefois, le chanteur et ses amis seront vite rappelés à la réalité d'un pays en pleine décadence lorsqu'une exécution publique se tiendra devant eux et qu'ils se verront offrir des souvenirs appartenant au défunt.

Au studio EMI à Lagos, les Wings enregistreront malgré les incidents du voyage *Helen Wheels*, *Mrs. Vandebilt, Bluebird, Mamunia* et *No Words*. Le résultat est encourageant. Paul se concentrera sur la batterie et la basse, Laine l'aidera à la basse, à la guitare et aux chœurs, tandis que Linda s'occupera des claviers. Vingt-cinq ans plus tard, Laine dira de sa collègue: «Je pense que les gens ont été injustes avec Linda. Elle avait un son, elle avait des idées, son apport était très important pour la production de cet album[8].»

Devant l'insistance de Ginger Baker, ex-batteur de la formation Cream et propriétaire du ARC Studio dans la ville d'Ikeja, et afin d'éviter un conflit, les musiciens accepteront d'y passer une journée et d'enregistrer la chanson *Picasso's Last Words*. Baker participera à l'enregistrement en suivant le rythme à l'aide d'une boîte de plastique remplie de petites roches. On décidera d'attendre à l'automne suivant pour orchestrer certaines parties et transférer le tout sur un magnétophone seize pistes. Pour cela, il faudra retourner en Europe, là où la technologie permettra un mixage fidèle à l'idée originale de McCartney.

Le 23 septembre à 3 h du matin, l'avion des Wings atterrira à l'aéroport Gatwick de Londres tandis que fans et journalistes attendent impatiemment le débarquement des passagers. À leur arrivée, les McCartney trouveront une lettre du directeur d'EMI envoyée avant leur départ et leur disant: «Cher Paul, nous vous recommandons de ne pas vous rendre à Lagos. Une épidémie de choléra vient d'y éclater[9].» Jamais Paul n'aura été aussi heureux d'avoir oublié le gilet de sauvetage de sa fille de trois ans, lui interdisant ainsi toute baignade et l'exposant un peu moins à la maladie.

Band on the Run

Deux semaines après son arrivée, McCartney se rendra dans Oxford Street où est situé le AIR Studio de George Martin. Il y fera le reste de son album en compagnie de différents musiciens qui apporteront une texture différente aux enregistrements. L'arrangeur Tony Visconti sera appelé à y travailler et produira la populaire orchestration de *Jet*. Devant le succès de l'opération, on lui confiera une tâche encore plus difficile: «On m'a demandé d'orchestrer le pont musical sur *Band on the Run*. Pour la cause, j'ai fait appel à cinquante musiciens qui ont joué les cinq mesures. Tout ce processus a pris une éternité à coordonner parfaitement. J'ai également jugé opportun, à l'époque, d'ajouter une section de cordes sur la chanson *No Word*, quatre saxophones sur *Jet* et un ensemble à cordes et une clarinette sur *Picasso's Last Words*[10]», dira Visconti. Pour *Bluebird*, le Nigérien Remi Kabaka ajoutera quelques percussions pour soutenir la guitare de McCartney. Ironie du sort, ce dernier n'avait aucune idée de l'origine de son accompagnateur. Le saxophoniste Howie Casey sera le dernier musicien invité à livrer ses solos en studio.

Le mixage final sera effectué chez EMI London tandis que l'on jonglera avec l'idée d'un titre et d'une pochette pour l'album. Si *Son of Always* a fait partie de la liste de titres, c'est finalement *Band on the Run* que l'on choisira. Un premier extrait, *Helen Wheels*, un rock bien lourd, sera lancé sur les ondes radiophoniques en octobre. Cette chanson racontera les périples en camionnette (une Land Rover) de McCartney sur l'autoroute M6. Elle se hissera au *top* 10 des palmarès, tout comme les autres 45 tours qui suivront.

Le temps presse. Le dimanche 28 octobre, on confiera à Clive Arrowsmith la prise de photographies destinées pour la pochette du disque qui doit sortir le 30 novembre 1973. Il aura la tâche de bien illustrer neuf prisonniers en fuite, un concept qui deviendra aussi populaire que celui de l'album *Sgt. Pepper's Lonely Hearts Club Band* des Beatles. Six artistes de renom seront conviés à la séance, créant ainsi tout un événement. Michael Parkinson, Kenny Lynch, James Coburn, Clement Freud, Christopher Lee et John Conteh répondront à l'appel en se rendant au Osterley Park, dans l'ouest de Londres. Si l'atmosphère est à la rigolade, le photographe devra jongler avec l'obscurité grandissante. On peut se remémorer cette journée grâce au film 16 mm de Barry Chattington, celui-ci se trouvant sur place avec son équipe de tournage.

Après le mariage, en novembre 1973, de la princesse Anne à la cathédrale Westminster Abbey de Londres, McCartney se dirigera vers la France en compagnie des Wings. Se joindra au groupe un guitariste supplémentaire qui permettra éventuellement d'enregistrer un autre album et de repartir en tournée. La décision s'arrêtera sur le très talentueux Jimmy McCulloch. À l'époque âgé de 20 ans, le fougueux musicien originaire de la ville de Glasgow avait déjà derrière lui une feuille de route très intéressante. Après avoir joué avec les groupes de Steve Ellis et de John Mayall, il connaîtra ses premiers instants de gloire avec la formation Stone the Crow. Les solos déchirants et l'énergie sur scène de McCulloch permettront enfin à McCartney d'obtenir le son voulu. Toutefois, la dépendance du jeune homme à différentes drogues deviendra rapidement un problème, mais elle sera tolérée par les autres membres des Wings au cours des années subséquentes. Combiné à un franc-parler hors du commun, McCullough créera de nombreuses vagues. Pour permettre au nouveau venu de s'acclimater au groupe, celui-ci occupera le studio EMI Odeon (Pathé Marconi) de

Paris du 12 au 20 novembre. C'est à cet endroit que les Beatles avaient chanté en 1964 les harmonies de *Can't Buy Me Love*. L'objectif de Paul sera de sortir un album sous le nom de *Suzy and the Red Stripes* avec les chansons enregistrées. Pour cette courte période de travail, Linda deviendra le centre d'attraction puisqu'elle y interprétera deux chansons, *I Got Up* et *Wide Prairie*. Celles-ci ne verront le jour sur disque qu'en 1998 lorsque Paul mettra sur le marché seize chansons gravées en vingt-cinq ans par sa défunte épouse. Trois autres chansons seront également mises sur bande, *Bridge Over the River Suite, Zoo Gang* et *Luxi*, un soi-disant hommage à Radio Luxembourg où l'on avait littéralement crié des titres des chansons de l'album *Band on the Run*. Le batteur Davey Lutton collaborera à ces séances. Le futur musicien de Marc Bolan (T-Rex) ne réussira pas à se tailler une place au sein des Wings. Le poste restera vacant pour les mois à venir...

Le 5 décembre 1973, le jour même de sa sortie en Amérique, *Band on the Run* obtiendra la première position sur les palmarès de vente aux États-Unis. Deux jours plus tard, le marché anglais suivra en reconnaissant enfin les efforts des Wings. Avec son lot de succès, le disque gagnera deux autres fois la première place, s'écoulant à plusieurs millions d'exemplaires dans le monde entier. Un exploit qui succède à ceux de Pink Floyd (*The Dark Side of the Moon*) et de Mike Oldfield (*Tubular Bells*), les deux œuvres importantes de l'année.

La chanson éponyme de l'album est le tube qui, avec *Jet*, restera une des plus importantes du répertoire des Wings. Les deux extraits se hisseront sur les palmarès au cours de l'année qui suivra. Les paroles *If We Ever Get Out of Here* s'inspirent d'une phrase prononcée par George Harrison lorsque les Beatles tentaient de résoudre les problèmes d'Apple. McCartney la reprendra à son compte pour marquer l'impasse dans laquelle se trouvaient les Wings. «*Band on the Run* est la vision d'un groupe qui fuit quelque chose. À l'époque, il y avait beaucoup de disques comme *Desperados* qui montraient les renégats des années 1960. La notion d'emprisonnement est exprimée par la phrase *Stuck inside these four walls* qui peut avoir deux sens. On peut se sentir enfermé dans une prison mais également par la vie, dans une situation donnée[11].»

Quant à la chanson *Let Me Roll it*, elle sera basée sur une simple mélodie interprétée à la guitare. Laine et McCartney renforceront le son du groupe à l'aide de leurs instruments respectifs. La voix de ce dernier sonnera plus rock, à l'image de John Lennon. Autre titre important du disque, *Bluebird* ne sera pas sans rappeler *Blackbird* des Beatles.

De Liverpool à Nashville

Savourant son succès, Paul rejoindra son frère Michael (Mike) dès janvier 1974 pour la production d'un album intitulé *McGear*, en vente dès l'automne suivant. Cette collaboration sera la deuxième entre les deux McCartney puisque, en 1972, paraissait le disque *Woman*. Jusqu'en mai, les Wings travailleront sur les compositions du frérot en compagnie du batteur Gerry Conway, un musicien de passage dans l'univers du groupe. Seule la chanson *Leave it*, enregistrée en 1973, mettra en vedette Denny Seiwell aux percussions. Sur les dix chansons gravées, sept seront signées par les deux frères, deux par Paul et une création de Bryan Ferry, *Sea Breezes,* servira d'ouverture. Les maigres succès obtenus par les tentatives de Mike le pousseront à abandonner sa carrière de chanteur quelques années plus tard.

Pendant cette période, Lennon avouera que les quatre Beatles pourraient bien se réunir. Ayant quitté Yoko pour son adjointe, May Pang, John renouera avec Paul comme jamais auparavant. De nombreuses rencontres auront lieu entre les deux Beatles pendant les mois suivants. Sans aucun doute que la séparation d'avec Ono, qui déteste ouvertement Paul, lui laissera plus de liberté pour retrouver son ami. De telles allégations s'intensifieront en février pour arriver à une relative conclusion le 28 mars 1974 lorsque John travaillera aux Burbank Studios, situés en Californie, sur le prochain album de Harry Nilsson (*Pussycats*). Paul et Linda assisteront aux séances d'enregistrement tenues cette journée-là. Accompagné des autres musiciens en studio, McCartney rejoindra John lors d'une séance d'improvisation où sera chanté le classique *Midnight Special*. Cette réunion deviendra la première à avoir lieu entre les deux compositeurs. Paul sera invité trois jours plus tard à passer la journée avec John au bord de la piscine du studio (31 mars). Une autre prestation privée sera offerte en soirée par le tandem avec McCartney à la batterie et aux harmonies vocales. Pour la postérité, le tout sera dûment enregistré sur bande avec la collaboration de Stevie Wonder, de Jesse Ed Davis et de Linda. Au répertoire figureront les chansons *Never Trust a Bugger With Your Mother, Little Bitty Pretty One, I Left my Home and I Was Movin'Around, Lucille, Nightmares, Stand by Me, Cupid, Chain Gang* et *Take This Hammer*. La rencontre, qui s'est terminée aux petites heures du matin, sera en grande partie racontée en 1975 par Lennon lors d'un entretien accordé à l'émission *Old Grey Whistle Test* de la BBC2. Quelques heures après le départ des McCartney, Keith Moon et Ringo Starr se joindront aux festivités; ce dernier remarquera que sa batterie avait été utilisée par Paul, car les tambours avaient été déplacés. Le 1er avril, l'adjoint de Moon, Dougar Butler, prendra l'unique photo montrant McCartney et Lennon assis au bord de la piscine. Cette visite deviendra la dernière du genre entre les deux artistes. Étrangement, pendant ce même séjour dans l'ouest des États-Unis, Linda et Paul iront frapper, le 4 avril suivant, à la porte de Brian Wilson (The Beach Boys). Dans sa résidence de Bel Air, Wilson refusera de faire entrer le couple, sanglotant derrière la porte d'entrée. Après avoir insisté pendant plus d'une heure, les McCartney repartent bredouilles.

Après ses vacances, Paul aurait été également surpris à travailler sur le projet d'une compilation de chansons inéditées intitulée *Cold Cuts*. L'album devait être un ensemble de chansons mises de côté lors des différentes sessions. Car, depuis le début de sa carrière solo, plus d'une vingtaine d'entre elles n'avaient jamais quitté les voûtes des studios de McCartney. Ce véritable cadeau pour les fans n'a toujours pas vu le jour...

Dans l'ouvrage de Chris Welch[12], on trouve le récit le plus détaillé sur l'arrivée du nouveau batteur de Wings, Geoff Britton, une figure de proue dans la montée en popularité du karaté en Occident. Le sportif obtiendra le poste alors que Paul tiendra des auditions le vendredi 26 avril au Albery Theatre de St. Marin's Lane de Londres. Enseignant en arts martiaux dans la ville de Maidstone, Britton bavardera avec Clifford Davies, l'ex-gérant des Fleetwood Mac, pendant une pause bien méritée. Celui-ci l'incitera à prendre contact avec Alain Crowther, l'organisateur des auditions où 50 candidats seront en lice. Le musicien verra enfin une occasion de mettre à profit l'expérience acquise au sein du groupe The Wild Angels. Avec ses baguettes, il se rendra le 26 avril 1974 au Albery Theater sur sa motocyclette Honda. Déçu de ne pas pouvoir partager sa musique avec McCartney, il s'assoira derrière la batterie pour interpréter le répertoire imposé par ses futurs employeurs, assis devant lui. Il triomphera particulièrement lors des changements de tempo dans *Caravan*, une composition de Duke Ellington. Après s'être prêté à trois autres chansons, Britton se rendra dans la salle pour entendre le prochain candidat. À son grand désespoir, Mitch Mitchell de l'ancien groupe de Jimi Hendrix tentera sa chance. Ce dernier ne réussira pas l'examen, gardant difficilement le rythme ce jour-là. Une chance qui permettra à Britton d'accéder à deux autres séances d'audition. Paul appellera finalement Geoff le 16 mai de la même année pour lui annoncer la bonne nouvelle: les Wings avaient un nouveau batteur sous ses ailes.

La pièce manquante enfin trouvée, McCartney et son groupe filent vers les États-Unis, après avoir convaincu les autorités américaines de leur conduite exemplaire en matière de drogue. Pour couronner son entrée sur le nouveau continent, Paul se rendra à Nashville, dans l'État du Tennessee, désireux de mieux connaître la musique de la région. Si ses projets sont imprécis, il désire d'abord s'assurer de la cohésion de la nouvelle mouture des Wings. Avec ce voyage, il suit l'exemple de son ancien collègue, Ringo Starr, en visite à cet endroit le 30 juin 1970 pour l'enregistrement de l'album *Beaucoup of Blues* en compagnie de Pete Drake.

L'avion en provenance de Los Angeles et transportant le clan McCartney se posera sur la piste d'atterrissage le 6 juin à 20 h 30. Par ailleurs, Paul aurait-il enregistré de nouveau avec Lennon lors de son séjour en Californie? C'est ce qu'il affirmera en 1997 lors d'une séance de clavardage avec 2,6 millions d'internautes. Une cinquantaine de fans et la presse locale attendront avec impatience l'ex-Beatles au Metropolitain Airport, mis en état d'alerte pour l'occasion[13]. Attendu par son organisateur, W. D. (Buddy) Killen, il prendra le temps de répondre aux nombreuses questions de ses hôtes. Paul désirera avant tout se reposer, faire de l'équitation, rencontrer les musiciens locaux et peut-être enregistrer quelques chansons. S'il reste vague sur ces projets, la presse le talonnera jusqu'à son départ pour en savoir davantage. En toute intimité, Paul habitera une maison louée pour la modique somme de 2000 $ par semaine à l'auteur de chansons Curly Putnam. Le terrain de 250 hectares qui les accueillera dans le comté de Wilson permettra à la famille de faire de l'équitation et de profiter d'une étendue d'eau propice à la natation.

Entreprenant à peine son séjour, McCartney décidera de faire sa première sortie publique le 16 juin au Grand Masters Fiddling Contest, événement où participaient plus de 50 joueurs de violon venus des quatre coins du globe. Il s'installera en compagnie de sa famille dans la dixième rangée à partir de la scène, l'endroit idéal pour que Linda puisse prendre quelques clichés des prestations. À l'entracte, Dolly Parton et Porter Waggoner offriront leur dernier duo sur scène, poussant McCartney à les rencontrer par la suite[14]. Vers 16 h 15, les visiteurs partiront après avoir comblé de nombreux fans de leur présence. Deux jours plus tard, Paul fêtera ses 32 ans sous le soleil du Tennessee.

Si l'objectif des Wings au Tennessee sera de préparer une éventuelle tournée de concerts en Australie, le groupe enregistrera tout de même lors de son séjour quelques chansons dont *Junior's Farm, Send Me the Heart, Proud Mum, One Hand Clapping, Soily*, une autre version de *Hey Diddle* et *Sally G.* Cette dernière aurait été composée lorsque Paul était dans un état d'ivresse critique selon le propriétaire du Skull's Rainbow Room, Skull Schullman. Originalement intitulée *Debbie*, en hommage à la chanteuse Debbie Gaffney, Paul changera le titre par crainte d'être poursuivi devant les tribunaux par celle-ci. Avant de terminer son œuvre, McCartney se dirigera vers le bar Lonnie sur Printer's Alley, sans avoir entièrement payé ses consommations alcoolisées précédentes...

En studio, de nombreuses disputes éclateront entre les membres du groupe. Les problèmes de cocaïne de McCulloch et de Laine prendront toute la place, laissant le sportif Britton de côté et une Linda pleurant devant son incapacité à rivaliser avec des musiciens d'un tel calibre. Le jeune guitariste insultera fréquemment Linda à propos des accords à jouer, tandis que Paul essayera de détendre l'atmosphère. Sans succès puisque le batteur désirera quitter les Wings pour d'autres horizons. Il sera retenu par les McCartney jusqu'à ce que les tensions deviennent insupportables quelques mois plus tard. Si, musicalement, les Wings sont à leur apogée, rien ne laissera présager un avenir radieux pour le groupe.

Entre les nombreuses disputes, Paul en profitera pour faire la connaissance de nombreux musiciens locaux dont Lloyd Greene, Johnny Gimble, Vassar Clements et Johnny Cash. Avec Chet Atkins, Floyd Cramer et Bobby Thompson au banjo, il fondera le groupe The Country Hams, le temps de graver une composition de son père intitulée *Walking in the Park With Eloise* et la chanson *Bridge Over the River Suite*. C'est Atkins qui aurait incité Paul à rendre hommage à son père par cet enregistrement. Les deux chansons aboutiront sur un obscur 45 tours, aujourd'hui précieux pour les collectionneurs.

La veille de son départ, soit le mercredi 17 juillet, Paul convoquera une conférence de presse ayant pour but de saluer la population locale. Il commentera ses six dernières semaines passées à profiter de l'ambiance du sud des États-Unis. À nouveau, il sera question d'un disque intitulé *Cold Cuts*, réunissant les pièces enregistrées récemment, et McCartney répondra qu'il comptera le mettre sur le marché l'année suivante[15]. Le clan McCartney devra également répondre à une affaire où le jeune Jimmy McCulloch aurait contourné la loi. Le problème sera vite réglé à l'amiable, précisera-t-on quelques jours avant le départ. Les problèmes de toxicomanie du guitariste auraient probablement été au centre de cette histoire…

Le lendemain, la famille McCartney quittera la ville en direction de New York à bord d'une camionnette où s'entassera une trentaine de bagages, de l'équipement de musique et une motocyclette récemment acquise. Paul visitera John Lennon lors de son passage dans la mégalopole, ce dernier étant en pleine séance d'enregistrement aux studios Record Plant pour l'album *Walls and Bridges*. Ce sera la troisième fois depuis septembre 1971 que la route des deux ex-Beatles se croisera. Dans l'appartement qu'il partage avec May Pang, Lennon accueillera chaleureusement son invité. Quelques jours plus tard, Paul retournera en Écosse pour faire le bilan des derniers mois. Les Wings resteront intacts… pour l'instant.

Départ pour Venus and Mars

À l'automne, McCartney décidera de produire un nouvel album avec les Wings. Mais le 25 octobre, alors que l'album *Band on the Run* triomphe toujours sur les palmarès, il mettra sur le marché le 45 tours *Junior's Farm* et la face B *Sally G*, deux enregistrements effectués à Nashville au cours de l'été précédent. «D'une certaine façon, *Junior's Farm* est directement inspirée de la phrase *I ain't gonna work on Maggie's farm no more* (1965) de Bob Dylan. L'idée était d'imaginer une autre ferme, celle de Paul. Cette chanson fantaisiste tourne autour de cette personne, Junior[16]», commentera McCartney. Le son rock de la chanson la poussera à la troisième position aux États-Unis et à la seizième en Angleterre. Une semaine auparavant étaient mises en vente les deux pièces réalisées par les Country Hams, groupe improvisé par McCartney pour le simple plaisir de la chose. C'était sans compter sur les chansons *Whatever Gets You Through the Night* de John Lennon, *Only You* de Ringo Starr et *Ding Dong* de George Harrison qui étaient en concurrence directe avec le nouveau matériel de Paul.

Après avoir travaillé en studio sur la musique des documentaires *One Hand Clapping* (retraçant le périple à Nashville et la séance d'août à Abbey Road) et *Empty Hand* (un film sur le karaté), Paul enregistrera en novembre de nombreux démos, encore aujourd'hui dans les archives du principal intéressé. À ce chapitre, les collectionneurs compteront les titres *All of You, Let's Love, Sunshine in Your Hair, Blackpool, She Got It Good, Waiting for the Sun to Shine, In my Dreams, Women Kind, Baby, You Know It's True, Dr. Pepper, Partners in Crimes, Sweet Little Birds, Love Is Your Road, Sea* et *Upon a Hill*. Il est fort probable que la plupart d'entre eux sont des noms de travail donnés à l'époque. On ignore encore les dates de production de certaines pièces telles que *Mull of Kintyre, Getting Closer, Rockestra Theme, Girlfriend, Million Miles* et *I'll Give You a Ring*, travaillées en 1974 mais qui apparaîtront quelques années plus tard sur disque. *Suicide*, une chanson donnée à Frank Sinatra , fera également partie du travail réalisé pendant cette période. Le crooner refusera le cadeau de McCartney, pensant à une mauvaise blague après l'avoir écoutée.

C'est pendant le mois de novembre 1974 que les Wings enregistreront trois chansons apparaissant sur l'album *Venus and Mars*. *Love in Song, Medecine Jar* et le futur 45 tours *Letting Go* seront presque terminées avant que Paul décide de poursuivre la production aux États-Unis. La ligne directrice du prochain album tracée, il ne restera plus qu'à enregistrer les chansons. Quelques jours avant l'Action de grâces, il téléphonera en Nouvelle-Orléans dans le but de trouver le studio où la prise de son du tube *Lady Marmalade* de Patti LaBelle a été effectuée. Marshall Sehorn, copropriétaire du Sea Saint Studios, se rappellera le premier appel de Paul: «Sa première question cherchait à savoir si Allen Toussaint était bien le propriétaire de l'endroit. Je crois que c'est le son de la batterie sur *Lady Marmalade* qui l'a également incité à occuper nos studios dès la mi-janvier 1975[17].» Mais avant de quitter Londres, le 27 novembre suivant, le couple McCartney rejoindra Rod Stewart & The Faces sur la scène du Lewisham Odeon pour y interpréter *Mine for Me*, une chanson écrite par Paul pour l'album *Smiler*.

Malgré les précédentes disputes ayant eu lieu à Nashville, la quatrième mouture des Wings restera intacte et s'envolera pour l'Amérique. Dispersés sur des vols différents, les musiciens se rendront progressivement au quartier français de la Nouvelle-Orléans pour y loger. Avant de rejoindre les autres, Paul fera avant Noël une escale à New York pour assister à un des concerts donnés par George Harrison au Madison Square Garden les 19 et 20 décembre. En compagnie de Linda, il se déguisera à l'aide d'une perruque et d'une fausse moustache pour passer incognito[18]. Il en profitera également pour assister à la pièce *Sgt. Pepper's Lonely Hearts Club Band on the Road* au Beacon Theater[19]. Il est difficile de savoir s'il a rencontré Lennon pour célébrer la dissolution des Beatles, proclamée officiellement le 9 janvier 1975.

Parce qu'il aura reçu un accueil mitigé à son arrivée, Geoff Britton se doutera que ses jours au sein de la formation sont comptés, Denny Laine ayant exigé son départ après avoir écouté de récentes bandes en studio. Pour ce dernier, Britton n'est toujours pas le bienvenu dans les activités du groupe. Paul annoncera la nouvelle au batteur, qui se trouvait dans sa chambre d'hôtel, à la suite d'une discussion où Laine lui aurait dit: «Je veux que toi et moi soyons seuls pour diriger le groupe[20].» Pour Linda, la situation deviendra insoutenable: «Ça ne fonctionnait pas. C'était horrible parce que l'on voulait vraiment que les sessions se déroulent bien. Une période très déprimante où tout allait mal[21].» Sans obtenir les redevances promises par McCartney, Britton retournera en Angleterre pour régler le divorce demandé par sa femme. Une année complète de réflexion lui sera nécessaire pour se remettre de ces deux ruptures. Il fera par la suite partie des groupes Champion et Manfred Mann's Earth Band et continuera à assouvir sa passion pour le karaté. Aujourd'hui sixième dan, Geoff vit en Espagne.

Pour poursuivre les sessions d'enregistrement entreprises le 16 janvier 1975, les Wings décideront de faire appel aux services du batteur américain Joe English, recommandé par Tony Dorsey, l'arrangeur de *Venus and Mars*. Fan des Beatles depuis son adolescence et fermier dans l'âme, le musicien de 25 ans s'avérera être le choix tout indiqué pour les McCartney. À l'époque sous contrat pour la prochaine tournée de Bonnie Bramlett, il n'hésitera pas à tout laisser tomber pour assister à l'enregistrement du nouvel album des Wings. Impressionné, Paul lui demandera de joindre le groupe dans les mois qui suivront.

Aux Sea Saint Studios en Nouvelle-Orléans, McCartney enregistrera la totalité de *Venus and Mars*, quelques raretés *Lunch Box/Odd Sox, My Carnival, Crawl of the Wild, Karate Chaos, Baby Face, Sea Dance,* et fera appel à certains musiciens invités tels que Tom Scott (saxophone) et Dave Mason (guitare) pour promouvoir les arrangements de Tony Dorsey. Une invitation, sans réponse, sera lancée à l'intention de Lennon. Le copropriétaire du studio, Allen Toussaint, collaborera en s'asseyant au piano, tandis que Tom Scott rejoindra le groupe à l'improviste pour le solo de *Listen to What the Man Said*. Il réussira en une seule prise à créer la magie entourant la mélodie. Mason ajoutera quelques notes de plus sur cette même pièce. L'atmosphère se détendra, contrastant avec les sessions précédentes, tandis que l'on enregistrera des chansons simplement pour le plaisir. Linda chantera même *New Orleans*, une composition relatant les différents endroits visités dans la région. *Crossroads* en est un autre bon exemple: «Je n'ai aucune idée pourquoi cette chansonnette a été incluse! Je crois que j'aimais cette composition – c'est Tony Hatch (le compositeur du thème) qui serait heureux de l'entendre. Nous faisions à l'époque des choses juste pour rire; il fallait bien survivre. Elle a amusé certaines personnes, c'est l'important[22]», dira Paul McCartney. (Cette chanson d'ouverture d'un *soap* américain sera retirée des ondes à la suite de plaintes des téléspectateurs.) Pendant que les musiciens s'amuseront derrière les micros, une horde de fans attendront à l'extérieur des studios la sortie de Paul et de Linda. La télévision sera sur place, couvrant pour les habitants de la ville l'événement de l'année. De 14 h à minuit, ils seront nombreux à se réunir dans le but d'obtenir un rapide autographe de leur idole. En sautant la clôture située à l'arrière du Sea Saint, un musicien fan de McCartney réussira à deux reprises à pénétrer l'enceinte. Il aura la bénédiction pour passer la journée à côtoyer celui-ci.

Pendant son séjour en Louisiane, Paul visitera la légende locale Professor Longhair, Dr. John et la formation jazz The Meters. À l'image de son séjour à Nashville, McCartney tiendra à se ressourcer auprès de maîtres de styles différents. Une longue nuit de solos et d'improvisation en studio découlera de cette rencontre. Le lendemain, ils profiteront de l'atmosphère unique des festivités entourant la tenue du Mardi gras en Nouvelle-Orléans. Déguisés, ils se mêleront à la foule pour voir de plus près les défilés costumés organisés par les habitants de la région. La chanson *My Carnival* a été créée en souvenir de cette journée de 1975. Le 24 février, les bandes seront envoyées vers le Wally Heider's Studio de Los Angeles pour qu'on en finalise le mixage. Le 3 mars, après la remise d'un Grammy à McCartney pour la production de l'album *Band on the Run*, celui-ci sera arrêté peu après minuit au volant de sa voiture sur le Santa Monica Boulevard. La police de Los Angeles détectera une forte odeur de marijuana dans la Lincoln Continental. On retrouvera dans le sac de Linda 16 grammes de la substance. Pour la troisième fois en autant d'années, les McCartney seront trouvés coupables de possession de substances illégales. Relâchée, Linda n'aura qu'à payer une légère amende quelques mois plus tard. Une fois cet incident réglé et la production de l'album terminée, ce sera sur le *Queen Mary* que Paul et ses invités embarqueront pour célébrer le succès de l'album. Michael Jackson, Bob Dylan, Cher et George Harrison feront partie des convives. Ému, Paul embrassera ce dernier lors de son arrivée.

Wings: Rock Show!

Le 27 mai 1975 arrivera aux États-Unis le disque *Venus and Mars*, moins de deux semaines après la sortie sur les ondes de *Listen to What the Man Said* (Apple R 6006). Après une absence de sept mois sur les palmarès pour McCartney, la chanson fera une entrée remarquée au *top* 10, atteignant la sixième position. Son nouvel album intriguera tant les fans que les journalistes par son titre et la pochette représentant les deux planètes. L'idée d'un tel concept est venue à McCartney en lisant des extraits du cycle *Fondation* d'Isaac Asimov. La chanson-titre annoncera le départ du chanteur à bord d'un vaisseau spatial en direction de Vénus et de Mars. Suivra *Rock Show*, un rock annonçant l'intention des Wings de se produire bientôt sur scène dans le cadre d'une tournée mondiale. Des treize chansons de cet album, seule *Medecine Jar* sera créditée à Jimmy McCulloch. Le propos de celle-ci n'est pas sans rappeler les circonstances de la mort de son auteur en 1979, victime d'une surdose.

Avec un album aussi solide, McCartney se sentira confiant et décidera d'organiser une tournée qui l'amènera un peu partout dans le monde. À l'été 1975, on voudra conquérir le monde et on préparera un spectacle fort attendu, juste mélange de différents répertoires où l'esprit des Beatles sera ressuscité pour l'occasion. Pendant cette période, Paul enregistrera également le futur succès *Rudolph the Red-Nosed Reggae* et *The Note You Never Wrote*, qui se trouvera sur l'album *Wings at the Speed of Sound*. Si c'est la voix de Denny Laine que l'on peut entendre sur la version originale, nombreux sont les démos où Paul sera l'unique chanteur. Trois autres chansons, apparaissant en 1978 sur l'album *London Town*, seront également créées au cours de cette période. *Famous Groupies, London Town* et *Deliver Your Children* feront alors partie du répertoire de McCartney, mais pour l'instant elles ne sont pas encore enregistrées.

C'est dans un immense entrepôt du Elstree Film Studios de Londres que les Wings répéteront le nouveau spectacle cinq jours par semaine. Pendant des périodes de quatre heures seront fignolés la liste des chansons jouées, les différents arrangements et l'efficacité du système de sonorisation. Prévoyant étendre son projet à l'ensemble de la planète, McCartney n'hésitera pas à faire appel à la firme Showco de Dallas (dans l'État du Texas) pour la mise en place de moniteurs de premier choix. Impressionné par l'efficacité de la technique déployée pour le concert de Led Zeppelin au Earls Court de Londres, il demandera à trois techniciens de cette compagnie de suivre le groupe pour s'assurer du bon fonctionnement du matériel. Aucune entreprise britannique ne satisfaisant aux exigences, c'est aux États-Unis que le système de 15 000 watts sera déniché. Le simple transport de cet équipement unique jusqu'à Londres coûtera 13 608 $ aux productions MPL, rendant l'opération difficilement rentable, et ce, malgré le nombre important de billets vendus[23]. Les douze tonnes de matériel transporté pendant l'aventure ajouteront d'autres frais à ceux occasionnés par les musiciens, la promotion et la location des salles. C'est avec la vente supplémentaire de disques engendrée par les spectacles et la tournée américaine que McCartney ira chercher quelques profits, puisque les 20 000 billets de la tournée anglaise se vendaient 1,5 livre (2 $US) chacun, couvrant à peine les frais du spectacle. MPL comptera sur son bassin de fans, de plus en plus large, pour renflouer ses coffres. Aux États-Unis seulement, le fan club de Paul comptera 7000 membres qui débourseront les 2 livres anglaises demandées pour l'inscription.

Rien n'est laissé au hasard pour cette tournée. Tant sur les plans scénique que musical, McCartney travaillera pour obtenir le meilleur spectacle possible. Une centaine de personnes travailleront nuit et jour pour ce périple des Wings. On n'hésitera pas à transporter 73 guitares différentes pour l'équipe et on ajoutera une section de cuivres sur scène dans le but d'offrir la meilleure interprétation possible des récents succès de McCartney. Sous la direction de Tony Dorsey, Howie Casey (saxophone ténor), Steve «Tex» Howard (trompette) et Thaddeus Richard (saxophone soprano et alto) se joindront aux Wings. Pour la première fois de son histoire, le groupe sera augmenté de plusieurs musiciens et jouera la carte du concert rock à grand déploiement. La machine à lasers de la dernière tournée des Who servira même à l'élaboration du spectacle. Le concepteur Ian Knight mettra en scène le côté *glam* des Wings en ajoutant de multiples éclairages et autres effets visuels à la présentation. Tout devra s'agencer aux couleurs jaune, rouge, noir et blanc de l'album *Venus and Mars*. C'est un concert grandiose et décidément rock que McCartney s'apprêtera à présenter à ses fans. Après tout, l'ex-Beatles devra contrer la vague punk (Ramones, Sex Pistols) qui commencera déjà à déferler sur les différents palmarès. Après avoir convoqué des amis et la presse le 6 septembre lors d'une dernière répétition générale, les Wings seront enfin prêts pour un premier test devant le public.

Le mardi 9 septembre, la ville de Southampton accueillera avec frénésie l'entrée sur scène des Wings. Pendant plus de deux heures, le groupe interprétera vingt-huit chansons tirées de *Venus and Mars*, de *Band on the Run* et des premières années en solo de McCartney. Ce dernier inclura même cinq chansons de son ancien groupe. *Lady Madonna, The Long and Winding Road* et *Yesterday* régaleront les plus nostalgiques tandis que les nouveaux initiés applaudiront *Jet, C Moon, Live and Let Die, Junior's Farm* et *Hi Hi Hi*. Les critiques seront unanimes: McCartney est de retour en pleine forme avec un son plus rock que jamais. Le vent dans les voiles, les Wings, triomphant, offriront pour la prochaine année le meilleur show rock présenté sur la planète. La première série de concerts s'arrêtera le 23 septembre en Écosse.

Le départ pour la tournée australienne des Wings a été commenté ainsi par la presse lorsque toute la famille McCartney retardera d'une heure les passagers du vol en partance de l'aéroport de Heathrow. Lève-tard légendaire, Paul aurait quitté sa maison de St. Johns Wood à une heure tardive, s'attirant les foudres des caricaturistes et des autorités de l'aéroport. Une amende de 200 $ par minute de retard lui sera imposée.

Après s'être présenté devant une foule moyenne de 3000 personnes pendant le mois de septembre, McCartney se sentira enfin prêt pour une série de concerts à l'extérieur de l'Europe. Dans des salles plus grandes, il y produira sensiblement le même spectacle, préférant se concentrer sur ses prestations données devant environ 12 000 personnes chaque soir. L'engouement sera si important que les neuf concerts prévus ne répondront pas à la grande demande du public. Les revendeurs de billets mettront même en circulation des places à un prix exorbitant. «Le prix d'un billet pour aller voir Frank Sinatra[24]», blaguera McCartney. Pour consoler ses fans qui n'auront pu assister aux spectacles, Paul enregistrera une émission spéciale pour la télévision nationale. Les Wings n'auront jamais été aussi populaires à l'extérieur de l'Angleterre.

L'itinéraire du groupe prévoyait un passage attendu au Japon, où les fans sont nombreux et très enthousiastes. Des visas en règle fournis par l'ambassade du Japon à Londres en main, l'équipe de tournée se préparera à un séjour en terre nippone jusqu'à ce qu'une note du ministre de la Justice japonaise soit envoyée en Australie, une semaine avant le départ. Celle-ci interdira aux Wings de se rendre au Japon, conséquence des incartades des McCartney relativement à leur consommation de drogues. Les concerts du 19 et 21 novembre seront annulés, repoussant encore la venue de l'ex-Beatles. L'émission de télévision diffusée en Australie sera offerte aux stations japonaises pour faire patienter les fans. Ils devront attendre encore cinq ans avant que le groupe franchisse brièvement leur frontière.

Paul remplacera donc sa tournée au Japon par des vacances à Hawaï. Il y restera quelques semaines avant de préparer l'enregistrement d'un autre album avant d'amorcer en mars un court passage en Europe et en mai la fameuse tournée américaine. Pendant ce temps, le promoteur d'Hollywood Bill Sargent se dira prêt à investir plus de 50 millions de dollars pour une seule réunion sur scène de John, George, Ringo et Paul. Les rumeurs circuleront dans tous les journaux: 1976 sera-t-elle l'année des Beatles? *Le Daily Mirror* annoncera même que le quatuor se produirait un soir seulement au Stade olympique de Montréal pour la modique somme de 15 millions de livres anglaises. Rien de plus ridicule pour un McCartney au sommet de sa popularité avec les Wings.

En janvier et en février, les Wings enregistreront dix des onze chansons apparaissant sur l'album *Wings at the Speed of Sound*, la chanson *The Note You Never Wrote* ayant déjà été mise en boîte auparavant. Entre la tournée australienne et américaine, les Wings auront quatre mois pour pondre de futurs succès comme *Silly Love Songs* (30 avril – Parlophone R 6014) et *Let'Em in* (23 juillet – Parlophone R 6015). Ces deux 45 tours se hisseront sur les palmarès dès leur sortie. Étrangement, aucune chanson inédite ne ressortira de ces sessions, Paul se contentant de fignoler le strict nécessaire pour son prochain disque. Il fera participer activement les autres membres du groupe en laissant Joe English chanter sur *Must Do Something About it*, Jimmy McCulloch sur *Wino Junko*, Linda sur *Cook of the House* et Denny Laine sur *The Note You Never Wrote*. Rapidement, la nouvelle production trouvera son chemin chez les disquaires le 23 mars 1976. Fait inusité, *Let'Em in* a été originalement écrite pour Ringo Starr. Paul aurait finalement décidé d'enregistrer le futur tube: «En fait, elle était à moitié écrite pour Ringo. Il m'a demandé de lui écrire une chanson et je lui en ai écrit deux. À la fin du processus, j'ai décidé de garder celle-ci. L'idée de quelqu'un sonnant à la porte et de nommer des noms de personnes me restait toujours dans les oreilles. Keith Moon est ainsi devenu Uncle Ernie, à vous de décider qui pourrait être Brother John[25], dira McCartney au magazine *Gallery*.

Un événement malheureux surviendra pendant cette séance de travail: la mort du père de Paul, James, à l'âge de soixante-treize ans, à la suite d'une bronchite pulmonaire. Il habitait à Gayton, en bordure du Merseyside. John Lennon sera une des premières personnes à recevoir la nouvelle et appellera son ami pour le réconforter. Cette disparition n'empêchera pas le musicien de reprendre ses activités et de poursuivre la tournée.

Trois jours après la sortie de *Wings at the Speed of Sound*, les Wings feront un dernier arrêt en sol européen dans le cadre d'une mini-tournée de cinq concerts où 15 000 fans les applaudiront chaque soir. Après avoir visité Copenhague, Berlin, Rotterdam, le groupe sera à Paris pour un ultime concert avant de conquérir l'Amérique. Un incident surviendra pendant la soirée suivant le concert, repoussant de quelques semaines l'arrivée des Wings sur l'autre continent. La version officielle soulignera que le malheureux guitariste Jimmy McCulloch se serait fracturé un doigt en sortant de la salle de bains de sa chambre d'hôtel. Sans lui, impossible pour les Wings de poursuivre la tournée. Il y a toutefois une autre version de l'accident: ce serait à la suite d'une dispute amicale avec David Cassidy, un fan des Wings, à l'entrée de l'hôtel, que McCulloch se serait blessé. Peu importe, la tournée qui devait commencer le 8 avril sera reportée d'un mois, laissant à McCartney plus de temps pour se préparer à affronter un public encore loin d'être conquis. Après dix ans d'absence, son entrée sera remarquée.

L'arrivée aux États-Unis de Paul se fera par une autre rencontre avec Lennon, cette fois-ci de nouveau en compagnie de Yoko, dans l'appartement de Dakota. Ils regarderont le samedi 24 avril l'émission *Saturday Night Live* où le producteur Lorne Michaels répliquera aux nombreuses offres de 50 millions de dollars pour une réunion des Beatles. En direct, il proposera 3000 $US aux musiciens, leur laissant même le choix de donner une moindre part à Ringo... La blague sera presque devenue réalité lorsque John et Paul décideront d'appeler un taxi pour se rendre en studio. L'aventure ne se concrétisera pas cependant.

Voyageant toujours en famille — Heather (13 ans), Mary (6 ans) et Stella (4 ans) —, les McCartney survivront aux trente spectacles donnés en Amérique en se fixant quatre bases situées à Dallas, à New York, à Chicago et à Los Angeles. Peu importe la localisation, ils se rendront en jet privé après chaque concert à un de ces endroits. En plus de permettre aux enfants de vivre dans un milieu sain, Paul et Linda éviteront les nombreux hôtels et aéroports normalement impliqués dans un itinéraire aussi chargé (vingt et une villes seront visitées). Aucune sortie publique de McCartney n'aura lieu pendant cette période, trop occupé par l'organisation de chaque événement. Au grand désespoir des nombreux techniciens, le musicien n'en finira pas avant chaque concert de s'assurer du bon fonctionnement du système de sonorisation.

Le premier concert de la tournée américaine sera donné le 3 mai 1976 devant 14 500 personnes réunies dans la ville de Fort Worth (État du Texas). McCartney fera son apparition à 20 h 15 devant la foule, dans son costume noir et blanc en satin. Sur une scène imposante, le spectacle d'une durée de deux heures et quinze minutes ne proposera que cinq chansons des Beatles (*Lady Madonna, The Long and Winding Road, I've Just Seen a face,*

Blackbird, Yesterday) sur les 29 jouées, préférant se concentrer sur son nouveau répertoire. Sans première partie ou entracte, le concert sera divisé en trois parties dont une acoustique. McCartney ne changera pas la liste des chansons intepprétées sur scène lors de cette tournée, une tradition qui se poursuit toujours. La presse applaudira la prestation des Wings. Tant le *New York Times* que le *Los Angeles Times* s'accorderont pour donner raison aux 600 000 détenteurs de billets. Dans son article intitulé *McCartney's Tour Starts Triumphantly*, John Rockwell du *New York Times* dira deux jours plus tard: «La prestation d'hier soir était plus rock que les chansons enregistrées en studio. Si les arrangements étaient similaires, le ton général avait plus de mordant. La musique de McCartney a profité de cette différence... Le résultat était impressionnant et vital[26].» Paul confiera au journaliste à la fin du spectacle qu'il était «un peu nerveux tout en prétendant ne pas l'être. J'étais plus nerveux avec les Beatles, plus jeune aussi. J'adore le public américain, il est fantastique. La réaction de la foule pendant *Live and Let Die* était si forte que c'en était ridicule».

Comblé par ce succès, McCartney frôlera quand même la mort le lendemain pendant le concert à Houston. Un morceau de l'échafaudage tombera sur la scène, à quelques centimètres du chanteur. L'adjoint de tournée Trevor Jones se heurtera la tête, nécessitant d'urgence treize points de suture. Ce sera le seul véritable incident du genre à survenir sur l'immense scène construite pour l'occasion. Parmi les concerts les plus mémorables, notons celui de Toronto (9 mai; les billets se revendront 80 $ chacun), de New York (24 mai; 20 000 fans lanceront des feux d'artifice) et de Seattle (10 juin; 67 000 spectateurs réunis pour l'occasion). Tous les spectacles seront enregistrés dans le but de sortir l'album triple *Wings Over America*, en vente dès le mois de décembre 1976. Une vidéocassette intitulée *Rock Show*, tournée à Seattle et à New York, sortira quelques années plus tard. Même s'il n'est pas disponible aujourd'hui, ce document reste un témoignage important de cette tournée mémorable.

Encore une fois, le jeune McCulloch sera une constante source de problèmes pendant la tournée. Un membre de l'équipe n'hésitera pas à dire: «Jimmy a beaucoup de problèmes personnels qui font qu'une relation à long terme est impossible[27]. Malgré les nombreux conseils donnés par Paul pendant les vols entre chaque ville, le guitariste se présentera sur scène à peine conscient. Sa consommation excessive de whisky démontrera un mal de vivre relié à son statut de vedette acquis rapidement. Mais les Wings survivront jusqu'au 23 juin, dernier spectacle donné au Forum de Los Angeles. C'est à cet endroit que sera enregistrée la chanson *Soily*, face B du prochain 45 tours. Une immense cérémonie sera donnée à Hollywood pour célébrer la fin de la tournée. À cette fête au coût de 200 000 $ se présenteront Elton John, Diana Ross, Mick Jagger, Dustin Hoffman, The Jacksons, Warren Beatty, Rod Stewart et deux ex-Beatles, George et Ringo.

Selon le *Rolling Stone Magazine* du 17 juin 1976, la tournée américaine des Wings aura permis aux investisseurs d'encaisser plus de cinq millions de dollars, soit un million de plus que pour la tournée de George Harrison[28]. Les profits seront cependant moindres étant donné les frais de production, et ce, malgré les nombreux produits dérivés vendus avant chaque concert.

Avant de reprendre la tournée à l'automne pour sept autres concerts en Europe, Paul retournera à l'été 1976 à son studio situé en Écosse. Infatigable, il travaillera sur une quinzaine de nouvelles chansons dont la plupart restent encore aujourd'hui dans ses voûtes. Pour la première fois depuis la formation des Wings, McCartney et Laine travailleront en étroite collaboration pour composer quelques chansons. Parmi toutes celles écrites au Rude Studio, on trouve, selon les collectionneurs d'enregistrements pirates: *Dervish Crazy Moog, Fishy Matters Underwater, Second (Soul Song), Hey Man, Cards up on the Tables (Mumble Rock), Norfolk Broads, Don't You Wanna Dance, Old Sam, Sir, How Do You Like the Lyrics, Fuzz* et *Into America Whirld*. Les premières notes du futur succès *With a Little Luck* auraient également été enregistrées pendant cette période. En compagnie de Linda, il produira le nouvel album de son compagnon Denny Laine à la ferme. *Holly Days*, qui ne verra le jour qu'en mai 1977 et fera piètre figure sur les palmarès, se voudra un hommage aux chansons de Buddy Holly. Soulignons que Paul est propriétaire du catalogue de cette légende du rock'n'roll.

Du 19 au 27 septembre, les Wings s'envoleront pour l'Autriche, la Yougoslavie, l'Italie et l'Allemagne pour y donner quatre concerts. Ce court périple sera suivi de trois spectacles donnés les 19, 20 et 21 octobre au Wembley Stadium de Londres, mettant ainsi fin à la tournée mondiale du groupe. Au total, ce seront 2 millions de fans qui auront répondu à l'invitation. Paul réalisera son objectif: son nouveau groupe est un des plus populaires sur la planète. Pour la postérité, il passera à l'automne plus de six semaines, à raison de 14 heures par jour, à écouter les quelque 90 heures de musique enregistrée pendant la tournée. McCartney voudra à tout prix respecter les échéanciers fixés pour la sortie, au mois de décembre, de l'album triple *Wings Over America*. Le succès obtenu en magasin aura valu tout le mal qu'il s'était donné. Pour Denny Laine, l'aboutissement de la tournée marquera la fin de la première étape des Wings.

Chapitre IV

Chute libre
(1977-1980)

Après avoir atteint de tels sommets, les Wings ne pourront que redescendre. Si les critiques sont nombreux à inciter McCartney à faire carrière solo, le principal intéressé tiendra bon et persistera avec les Wings. L'année 1977, majoritairement passée en studio, annoncera de nombreux changements au sein du groupe. En découleront un nouvel album constitué de chansons originales (1978) et la sortie du premier numéro 1 des Wings, *Mull of Kintyre* (novembre 1977). Ce 45 tours d'apparence anodine est une chanson d'inspiration typiquement écossaise pour laquelle Paul a invité une formation de cornemuses locales, le Campbell Town Pipe Band. Ceci témoigne encore de cette volonté de se mêler à d'autres cultures musicales et de s'enrichir par des sonorités et des traditions qui lui permettent d'évoluer. Cette chanson eut un succès fracassant, soit la plus grosse vente et la plus rapide de l'année pour EMI.

London Town *en bateau*

Dès le 7 février, les Wings se rendront aux Abbey Road Studios de EMI pour travailler principalement sur les chansons du prochain album, provisoirement intitulé *Water Wings*. *London Town, Girl's School, One Woman* et *B-Side to Seaside* feront partie du répertoire interprété en studio en vue de sessions d'enregistrement plus formelles. *B-Side to Seaside* sera enregistrée le 16 mars avec Paul à la batterie et Linda au chant. Jusqu'au 31 mars 1977, les McCartney enregistreront pas moins de 26 chansons pendant leur séjour à Abbey Road. Paul mettra également la touche finale à *Thrillington*, une relecture instrumentale par le jeune Richard Hewson de l'album *Ram*, et qui sortira en magasin le 29 avril. C'est le nom du faux chef d'orchestre Percy Thrillington qui apparaîtra sur la pochette, Paul et Linda désirant jouer un canular. Ils n'hésiteront pas à écrire une minibiographie du musicien et à faire paraître des annonces pour rendre encore plus réel le personnage.

Enregistré depuis plusieurs années (du 15 au 17 juin 1971) et sans qu'une seule note ne soit jouée par Paul, l'album avait été mis sur les tablettes par Apple. Il sortira six ans plus tard en raison d'une obligation contractuelle des McCartney envers leur compagnie de disques. Ce désastre est un «genre de pudding à mi-chemin de la musique de cirque, du jazz balloche et des *soundtracks* de Vladimir Cosma pour des films de Pierre Richard[1]», écrit Christophe Conte dans *Les Inrockuptibles*. Difficilement trouvable, *Thrillington* sera néanmoins gravé sur disque compact en 1995. Aujourd'hui non disponible, la version originale en 33 tours se vend en moyenne 75 $US sur Internet.

Voyageur dans l'âme, le musicien désire poursuivre dès mai 1977 son travail dans un endroit plus exotique, sans toutefois retourner au Nigeria: «Il pleuvait dans ce bon vieux Londres et notre ingénieur de son, Geoff Emerick, nous racontait comment se déroulaient à Hawaï les enregistrements avec le groupe America. Tout le monde commençait à être jaloux! Nous avons réalisé à quel point ça faisait longtemps que nous travaillions à Abbey Road. Tout s'est mis en place pour que nous poursuivions l'enregistrement sur un bateau, le *Fairy Carol*[2]», se rappelle-t-il. L'idée de créer un tel cadre de production viendra de Denny Laine, enchanté par sa visite d'un studio flottant situé à Los Angeles et utilisé par Rod Stewart. Les Îles Vierges deviendront la prochaine destination du groupe, mêlant les plaisirs de la baignade à ceux des sessions d'enregistrement tardives. Après avoir composé toutes les chansons, les cinq membres des Wings n'auront pas le choix d'avoir le pied marin du 1er au 31 mai, période nécessaire pour terminer la plupart des pistes de base.

Inquiet, le capitaine du yatch verra l'équipement débarquer à bord, comprenant tous les instruments et l'ensemble du studio 24 pistes. Pour s'assurer du bon fonctionnement des opérations, Paul décidera d'engager les techniciens du Record Plant Mobile Studio pour organiser le tout misant sur l'expérience acquise en Californie avec Rod Stewart. Étonnamment , les nouvelles installations du *Fairy Carol* fonctionneront à merveille, défiant l'eau salée de la mer et autres intempéries. À son grand soulagement, l'ingénieur de son Emerick n'aura pas à revivre l'expérience de *Band on the Run*.

Quatre bateaux seront mis à la disposition des Wings pour l'ensemble du périple. Accosté dans la baie de l'île St. John, le *Fairy*

Carol abritera le studio; le *Samala* et le *Wanderlust* deviendront les résidences des musiciens et des vingt autres assistants accompagnant le groupe, tandis que le *El Toro* sera la maison flottante de la famille McCartney. La presse ne saura pas encore que Linda est enceinte depuis déjà quatre mois, écartant toute possibilité d'une tournée à la suite de cette escapade. Entre les sessions d'enregistrement en soirée, les bains de soleil et la natation seront les principales activités des nouveaux matelots. Mais Paul insistera: «Nous n'étions pas allés là-bas simplement pour bronzer. On a fait neuf morceaux pendant notre séjour d'un mois, même si ce n'est pas beaucoup par rapport au premier album des Beatles qui a été enregistré en une seule journée. C'était comme prendre des vacances et travailler en même temps. Nous aimons enregistrer à l'étranger parce qu'on y reçoit beaucoup d'influences nouvelles, on rentre mieux dans la musique[3].» Lorsque les Wings quitteront les Îles Vierges, les chansons *Cafe on the Left Bank* (2 mai), *I'm Carrying* (5 mai), *Don't Let it Bring You Down* (25 mai), *Deliver Your Children, Morse Moose and the Grey Goose, I've Had Enough, With a Little Luck* et *Famous Groupies* seront complétées.

En juin, Paul et Linda se rendront à Kingston, en Jamaïque, pour d'autres vacances sous le soleil. Il est peu probable que McCulloch et English aient fait partie du voyage. Les McCartney ne pourront s'empêcher de faire un saut aux Black Ark Studios le 20 juin en compagnie de musiciens invités (Billy Gardber, Baris Gardner, Mike Boo et Winston Write). Linda gravera pour l'occasion deux compositions, *Sugartime* et *Mister Sandman*, produites en collaboration avec Lee Perry. Mal du pays ou retour au travail, McCartney s'envolera par la suite en direction du Rude Studio pour y passer l'été. Après avoir également enregistré quelques démos au printemps, il s'amusera avec une vingtaine de chansons dont la plupart restent encore inédites. Verra le jour dans un studio mobile en Écosse *Mull of Kintyre*, une composition aux nombreux accents du Nord. Déjà, on songera à enregistrer un 45 tours à l'automne dans le but de faire patienter les fans jusqu'à la sortie d'un album complet. On hésitera toutefois avant de la mettre sur le marché...

Paul assassiné par son guitariste?

En août 1977, séjournant en Écosse au domicile des McCartney, Jimmy McCulloch aurait une fois de plus dépassé certaines limites.

Selon le discutable ouvrage de Geoffrey Giulano, *Blackbird: The Life and Times of Paul McCartney*, le guitariste aurait tenté d'assassiner Paul pendant son sommeil[4]. D'autres versions stipulent que celui-ci aurait menacé son hôte à l'aide d'un revolver. Peu importe, le départ de McCulloch sera annoncé à la presse le 8 septembre suivant. La version officielle de McCartney restera toujours la même dans les différents journaux: «La tension était sans cesse croissante entre nous deux. Nous savions que ça n'allait plus très bien. Jimmy a décidé d'aller avec les Small Faces. Par chance, tout le travail qu'il devait faire pour l'album a été complété[5].» Quelques mois plus tard, l'ex-Wings formera son propre groupe, The Dukes, avant d'être retrouvé sans vie dans sa propriété par son frère Jack le 27 septembre 1979. Si on retrouvera d'importantes quantités de cannabis, d'alcool et de morphine dans son sang, les circonstances entourant sa mort ne seront jamais complètement élucidées. En effet, au moment de la surdose, une autre personne se serait trouvée aux côtés du jeune homme de vingt-six ans. La mort de McCulloch survient un an après celle de Keith Moon. Soulignons que le batteur des Who avait assisté à une fête des McCartney, la veille de sa surdose (le 7 septembre 1978).

Quatre jours après l'annonce du départ de McCulloch, Linda donnera naissance à l'unique garçon de Paul. James Louis McCartney poussera son premier cri au London Hospital, démontrant déjà certains préalables pour le chant, dira l'heureux papa de 35 ans. Pour l'automne, McCartney se concentrera à mettre la touche finale de *London Town* et passera du temps en famille. Du 25 octobre au 1er décembre, il occupera Abbey Road Studios (EMI) en y enregistrant les chansons *Backwards Traveller, Cuff Link, Children Children, Girlfriend, Name and Address* et *Waterspout*, un classique parmi les collectionneurs. Il se rendra ensuite du 3 au 14 décembre aux Air London Studios. Ce n'est que le 23 janvier 1978 à Abbey Road que le tout sera terminé. Jamais le musicien n'aura passé autant d'heures en studio pour peaufiner un album. Étant donné la forte pression reliée à la renommée de son groupe, surtout depuis la tournée mondiale, sans aucun doute a-t-il voulu faire un retour remarqué. Car, en 1976, les trois derniers albums des Wings ont fait de McCartney le meilleur vendeur de disques du monde. Ce dernier tenait en 1977 à préserver son titre; sa fortune était évaluée à ce moment-là à 16 millions de livres anglaises (25 millions de dollars américains).

Tandis que la famille s'agrandit et que Paul est en studio, Wings redeviendra un trio en novembre lorsque le batteur quittera le groupe quelques jours avant la sortie du prochain simple du groupe. Américain d'origine, Joe English décidera de retrouver sa famille dans l'État de la Georgie après quatre ans d'exil avec les McCartney. Las de l'horaire imposé par la vie de *rockstar*, il retournera à une vie plus tranquille: «J'ai apprécié être avec les Wings et j'ai appris beaucoup, mais je suis fatigué d'être en studio mois après mois. Je veux retourner à la maison et voir si je peux réussir en tant que Joe English et non en tant que batteur de Paul McCartney[6]», dira-t-il. Il soulignera que McCartney lui a longtemps promis des redevances sur les albums vendus sans toutefois jamais recevoir le moindre dollar. Cependant, il admettra avoir été grassement payé lors de ses sessions de travail avec les Wings. Au cours des années qui suivront, English se joindra aux groupes Tall Dogs et Sea Level.

Le 11 novembre 1977, le nouveau tube des Wings sortira en magasin. Signée McCartney/Laine, la chanson *Mull of Kintyre* (Capitol R 6018) sera accompagnée sur la deuxième face du 45 tours par *Girl's School*. Ce simple restera une des plus grandes réussites de McCartney. Hésitant, il laissera aux radios le privilège de décider quel sera l'extrait diffusé sur les ondes en nommant les deux chansons «face A». En Angleterre, *Mull of Kintyre* retiendra l'attention tandis qu'aux États-Unis, *Girl's School* tentera sa chance sur les palmarès. Enregistrées en août, ces chansons constitueront à l'époque le simple le plus vendu dans l'histoire de la musique, surclassant le record établi par les Beatles avec *She Loves You*. Au rythme de 20 000 exemplaires écoulés par jour, le disque se vendra à 2 millions d'exemplaires, premier numéro un sur les palmarès britanniques pour les Wings. Pendant dix-sept semaines consécutives, *Mull of Kintyre* sera en constante rotation sur les radios. De l'Allemagne en passant par la Hollande et l'Australie, la pièce résonnera aux quatre coins du globe. Ce record ne sera battu qu'en 1984 par la chanson *Do They Know It's Christmas* de Band Aid.

Mull of Kintyre a été réalisée en une seule nuit grâce à la participation de sept joueurs de cornemuse et de dix batteurs. McCartney ne donnera qu'un démo de la chanson à ses musiciens invités pour l'occasion. Il dira lors d'une entrevue donnée à Chris Welch: «C'est une chanson écossaise. Elle sonne si différemment des chansons que nous avons faites sur le bateau, c'est la raison pour laquelle nous l'avons sortie séparément. Je crois qu'elle accompagne bien le temps des fêtes et la nouvelle année. Lors de l'enregistrement, nous avons fait appel au Cambeltown Band tout en essayant d'écrire une nouvelle chanson écossaise. Un défi extraordinaire[7].» En ce qui concerne, *Girl's School*, son auteur s'est inspiré de publicités pour des films pornos imprimés dans certains journaux américains et de l'école décadente pour jeunes filles St. Trinians imaginée par le bédéiste Ronald Searle. Elle n'atteindra que la 33e position aux États-Unis.

Sans nouvel album sur le marché ou de tournée en cours, Paul McCartney et les Wings connaîtront une année lucrative en 1977 et très productive pour les années à venir. Mais ce n'était que le calme avant la tempête, car le groupe sera en chute libre pour les trois prochaines années.

L'œuf ou la poule?

Après avoir enregistré en janvier la chanson *Goodnight Tonight*, McCartney ralentira la cadence en misant sur la sortie de l'album *London Town* le 31 mars 1978 pour rester sous les projecteurs. Précédé par la venue sur les ondes radio de la soporifique *With a Little Luck*, numéro un aux États-Unis et septième position en Angleterre, le disque fera piètre figure sur le plan des ventes, malgré le fait qu'il constituera un des meilleurs que McCartney ait pondu en carrière, rivalisant avec *Ram* et *Band on the Run* à ce chapitre. Les quatorze chansons de *London Town* n'ont rien à voir avec la vague punk qui déferle dans le monde entier, et bien que le son des Wings se soit durci sur *I've Had Enough, Cafe on the Left Bank* et *Morse Moose and the Grey Goose*. La mélodie de *Girlfriend* incitera Michael Jackson à l'enregistrer plus tard sur l'album *Off the Wall*; d'ailleurs la chansons aurait été créée expressément pour lui. Si la pochette présentera la nouvelle mouture du groupe, réduit au couple McCartney et à Denny Laine, les cinquante minutes portent encore la griffe mordante de McCulloch et English. Le son disco n'y est pas présent, laissant un vide entre la musique du groupe et les styles musicaux à la mode. McCartney serait-il devenu démodé?

Le chanteur n'aura pas dit son dernier mot et engagera deux nouveaux musiciens pour se joindre aux Wings. Le groupe en est à sa septième mouture en moins de sept ans. Steve Holly, vingt-quatre ans, a connu Denny Laine lors des sessions d'enregistrement de *Japanese Tears*, album concocté par celui-ci. Holly sera par la suite invité par le guitariste des Wings à l'émission de David Essex pour «mimer» à la batterie *With a Little Luck*. Âgé de vingt-cinq ans, le guitariste Laurence Juber aura, quant à lui, impressionné Laine en interprétant la chanson *Go Now* lors d'une émission télévisée. Les deux musiciens seront sous peu formellement présentés à McCartney lors d'une session d'enregistrement tenue les 5 et 6 mai 1978. Seul témoignage de ce travail: les chansons *Same Time Next Year* et *Did We Meet Somewhere Before*. Juber se rappellera très bien l'audition à laquelle il avait été convié: «J'avais appris avec frénésie quelques chansons des Wings pour l'occasion. Mais Paul voulait entendre du Chuck Berry et du reggae. Une fois ma prestation terminée, Denny me demandera ce que je voulais faire l'an prochain... Le destin fera que je n'ai jamais pu faire un album avec Rick Wakeman[8].» Le jeune guitariste sera impressionné par son nouvel employeur, n'hésitant pas à le comparer à Beethoveen, Schubert, Cole Porter et Gershwin!

Pendant l'été 1978, le nouveau groupe se rendra en Écosse pour travailler sur ce qui deviendra le pire fiasco de toute l'histoire des Wings. En plus d'écrire une douzaine de démos, McCartney ira au Spirit of Ranachan Studio (anciennement le Rude Studio), situé en Écosse, pour enregistrer six titres du prochain album. Il prendra plus de libertés sur le plan musical, par des arrangements plus rock. Les deux nouveaux venus auront tout l'espace voulu pour s'exprimer et donner leurs propres interprétations des nouvelles créations de McCartney. On peut déjà entendre une première version de ce qui deviendra *Old Siam, Sir* (avec Linda à la batterie), *Spin it on, Arrow Through Me, To You, Winter Rose* et *Again And Again And Again*. Les obscures *Crawl of the Wild, Maisie* et *Weep for Love* naîtront lors des sessions tenues pour l'occasion. Parallèlement, onze compositions pour la bande sonore du projet *Rupert the Bear* seront fignolées. Sans succès, puisque le dessin animé *Rupert and the Frog*, sorti en 1984, ne contiendra aucune d'entre elles. Pendant que le nouveau groupe se solidifie, Paul pensera déjà à un projet de film le mettant en vedette. Il fera appel à Willy Russel, l'auteur de la pièce *John, Paul, George, Ringo and Bert*, pour l'écriture d'un scénario où les Wings seraient en cavale dans le but d'éviter les désagréments de la vie de vedettes. Si Paul désire une fin joyeuse, Russel verra la chose autrement. Leur collaboration sera rapidement interrompue à cause de ce léger différend...

Peu à peu, les projets s'accumuleront dans l'horaire de McCartney. L'idée d'un album regroupant un lot de chansons inédites refera surface sous le titre *Hot Hits and Cold Cuts*. Cette collection de succès serait accompagnée d'enregistrements rares tels que *Waterspout*. Mais la compagnie de disques s'impatientera et demandera à McCartney un simple disque de succès accumulés par les Wings depuis les huit dernières années. Cette commande sera en magasin quelques mois plus tard sous le nom de *Wings Greatest*.

Pour la télévision et une éventuelle sortie en vidéocassette, McCartney préparera aussi un film retraçant la tournée mondiale des Wings en 1975-1976. Le projet est ambitieux et sera une source de problèmes pour le principal intéressé: «Pendant notre tournée de 1976, ils ont beaucoup filmé. Le résultat était bon, mais le son n'était pas excellent. On ne peut pas enregistrer une nouvelle bande sonore, ce n'est pas comme pour n'importe quel disque. J'ai entendu dire que le film de Led Zeppelin était exactement le résultat de ce qu'ils avaient tourné, et qu'il fallait se contenter du son pris durant ce concert en particulier[9]», dira-t-il plus tard. Ce n'est que le 16 mars 1979 à 23 h 30 que la chaîne américaine CBS diffusera enfin le documentaire *Wings Over the World*, mélange de séquences en spectacle et d'extraits filmés à la ferme de Paul. On peut y voir les interprétations de *Jet, Band on the Run* et *Uncle Albert — Amiral Halsey*. La BBC TV attendra en avril de la même année pour montrer les 75 minutes du film. En ce qui concerne le film-concert *Rock Show*, il verra sa date de sortie en salle repoussée jusqu'au 26 novembre 1980. Témoignage vital de l'histoire des Wings, le document n'est plus disponible.

Après la tenue en début septembre de la semaine Buddy Holly, toujours organisée par Paul, les Wings accéléreront la production de leur prochain album au Lympne Castle, dans le comté de Kent, en enregistrant six nouvelles chansons. Du 11 au 29 septembre, ce poste de surveillance pendant la Deuxième Guerre mondiale deviendra le studio idéal. Les claviers de Linda seront posés dans la cuisine, la cabine de mixage sera érigée dans la chambre voûtée et le studio figé dans l'entrée principale. Tout sera organisé de façon à profiter au maximum du château. Paul enregistrera même le son de sa guitare acoustique dans la cage de l'escalier et interprétera *Million Miles* sur le balcon surplombant la Manche. Juber se souviendra que sa guitare à douze cordes résonnait mieux dans les escaliers. Les chansons *The Broadcast, We're Open Tonight, Reception, Love Awake, After the Ball/Million Miles* et *Cage* (rejetée à la dernière minute) seront complétées dans cet endroit féerique.

En improvisant avec ses musiciens, McCartney décidera d'enregistrer une pièce instrumentale peu commune. En répétant les mêmes mélodies sur trois séries de huit pistes, il obtiendra un résultat gargantuesque, à l'image d'un énorme orchestre de rock. Il décidera alors de téléphoner à ses amis de longue date pour une session unique en son genre. Quelques jours plus tard sera réuni dans l'enceinte d'Abbey Road Studios un supergroupe, le temps d'enregistrer deux compositions de McCartney. Le 3 octobre 1978, les guitaristes David Gilmour (Pink Floyd), Pete Townshend (The Who) et Hank Marin (The Shadows); les batteurs John Bonham (Led Zeppelin) et Kenny Jones (Small Faces) et le bassiste John Paul Jones (Led Zeppelin), entre autres, répondront à l'appel pour l'enregistrement de *Rockestra Theme* et *So Glad to See You Here*. Les musiciens seront sur place de 10 h 30 à 18 h 30 pour que soixante micros et deux consoles (une 24 pistes et une autre de 16 pistes) immortalisent leur prestation. Aucune rémunération ne sera versée aux musiciens afin que les profits retirés de cet événement soient donnés à une œuvre de bienfaisance.

Parmi les absents, Eric Clapton et Jeff Beck refuseront tout simplement l'invitation: «Beck était inquiet du déroulement de la chose dans l'éventualité où la chanson ne lui plairait pas. Il voulait être en mesure de décider de se retirer au milieu de la session. De petites exigences comme celle-là ont fait qu'il n'est pas venu. Eric Clapton n'en avait tout simplement pas envie, je crois qu'il avait la grippe ou quelque chose d'autre. Mais la plupart des gens sont venus. C'était extraordinaire et, par chance, nous avons filmé le tout. Barry Chattington a réalisé ce document qui illustre bien l'événement[10]», confiera McCartney à Paul Gambaccini du *Rolling Stone Magazine*. Le documentaire en question sera d'une durée de 40 minutes et restera toujours difficilement accessible. *Rockestra Theme* méritera, quelque temps après sa sortie, un Grammy dans la catégorie «Meilleure performance rock instrumentale». Les Wings resteront à Abbey Road pendant le mois d'octobre pour enregistrer les chansons *Baby's Request* et *Getting*

Closer (le 10 octobre). Cette dernière était originalement chantée par Denny Laine; c'est du moins ce que l'on peut entendre sur la maquette du futur album des Wings[11].

Le travail pour la sortie d'une compilation des meilleures chansons des Wings se poursuivra le 14 octobre lorsque Paul et Linda s'envoleront pour la Suisse en compagnie de deux assistants et du photographe Angus Forbes. Déçu du résultat de la photographie obtenue préalablement en studio, le couple décidera que le cliché de la statue choisie pour la pochette sera pris dans les Alpes. Trônant fièrement sur la neige, la femme volante apparaissant sur la pochette nécessitera un surplus de neige pour la rendre encore plus réaliste. Au diable les frais de production, une autre photo sera prise en hélicoptère. Décidément, la présentation de *Wings Greatest* ne sera pas laissée au hasard.

Le 5 novembre, McCartney signera avec la compagnie CBS (Columbia) pour la distribution de ses disques aux États-Unis. Une entente de six ans que EMI désapprouvera grandement, se voyant retirer une bonne partie du marché conquis par Paul. La direction des studios Abbey Road, propriété d'EMI, répliquera sévèrement en commençant à limiter le temps de studio alloué au musicien. Frustré de ne pas avoir un accès illimité au Studio 2, le préféré de McCartney, il fera construire dans la cave de MPL Londres, à Soho Square, une réplique exacte de l'endroit. Le Replica Studio sera à ce point conforme à l'original que même la sortie de secours, donnant sur un mur de briques, est située au même endroit! Une immense photo, prise au studio d'Abbey Road, servira de toile de fond pour reproduire le visuel du studio. Paul exigera même que l'horloge imaginaire de la photo soit découpée pour en insérer une fonctionnelle. Démontable en tout temps, le coût d'un tel studio sera astronomique. Avec les Wings, McCartney fera dans ce studio quelques prises supplémentaires pour le mixage de ses nouvelles chansons et changera la finale de *Spin it on* et *So Glad To See You Here*. Une improvisation intitulée *Ranachan Rock* sera aussi enregistrée. À ce moment, le titre provisoire du prochain album des Wings est *We're Open Tonight*.

Le 1er décembre 1978 sort en magasin l'album *Wings Greatest*, regroupant douze succès du groupe. Ce sera le dernier disque de McCartney à sortir aux États-Unis sous l'étiquette EMI avant la signature d'un nouveau contrat en 1985. Malgré la présence des tubes *My Love*, *Jet* et *Live and Let Die*, la commercialisation de l'album sera un échec en Amérique. La compilation a été présentée comme étant celle des Wings, et non celle de Paul McCartney et des Wings, ce qui explique peut-être les ventes modestes. «Quelques chansons semblaient n'appartenir qu'aux Wings, j'imagine que c'est la raison pour laquelle nous n'avons pas apposé mon nom sur la pochette mais celle du groupe. Nous avons essayé d'y inclure le plus de chansons possible qui ne se sont pas trouvées sur des albums, comme *Mull of Kintyre, Another Day, Junior's Farm* et *Hi Hi Hi*. J'ai tenu à ce que les autres chansons soient présentées dans leur version complète[12]», expliquera-t-il. Les journalistes n'hésiteront pas à commenter cette douce vengeance de EMI. McCartney ne sera pas perturbé par les ventes décevantes de la compilation, comptant bien se rattraper avec son prochain album.

En janvier 1979, Wings reprendra le chemin du studio pour mettre sur bande la face B de son prochain simple. La rigoureuse *Daytime Nightime Suffering* accompagnera magnifiquement bien la chanson disco *Goodnight Tonight*, enregistrée un an auparavant. Tandis que les Wings fignoleront encore *Back to the Egg* en compagnie du groupe Black Dyke Mills, le 45 tours sortira en magasin le 15 mars. Il jouira d'une forte rotation sur les radios, lui permettant d'obtenir la cinquième position sur les palmarès américain et britannique. Longtemps sous-estimée, la face B sera un hommage à Linda, partagée entre la naissance de James et les sessions de travail avec des Wings.

Rien ne laissera présager que la sortie aux États-Unis (le 24 mai 1979) de l'album *Back* to *the Egg* sera suivie de sévères critiques de la part des journalistes. Les 45 tours tirés du disque ne feront aucune entrée sur le *top* 10 et le disque lui-même n'atteindra pas des records de vente. Pour le guitariste Laurence Juber, il n'y avait qu'une seule explication à cette débandade: «D'aucune façon nous n'aurions pu être assez punks pour rivaliser avec ce qui se passait sur la scène musicale de l'époque[13].» Les fans de McCartney n'hésiteront pas à dire que, musicalement, *Back to the Egg* est un pas en avant, et que le manque de tubes expliquerait sans doute la contre-performance du disque. Pour combler cette lacune, les Wings tourneront du 4 au 13 juin plusieurs vidéoclips promotionnels dans le but de mousser les ventes. Il en résultera un documentaire de 31 minutes, diffusé en Angleterre et aux États-Unis quelques semaines plus tard. McCartney résumera le concept de l'album lors d'un entretien avec Ray Bonici: «On a pris toutes les chansons et on les a collées dans un certain ordre qui nous semblait avoir un sens. Il y avait cette intro “radio”, puis *Getting Closer.* C'était comme une voix qui disait: “J'arrive. Je suis dans ma voiture et je viens te voir.” C'est donc devenu l'histoire d'une personne qui se rend en voiture à un concert. Puis, le concert a lieu, se termine. C'est le lendemain matin, etc. Ça faisait une sorte de thème, mais en fait, à la fin de l'album, nous nous sommes aperçus qu'il n'y avait plus de thème du tout. On a donc appelé l'album *Back to the Egg* au lieu de *We're Open Tonight*[14].»

Le dernier tour de piste

George, Ringo et Paul se retrouveront le 19 mai 1979 dans le Surrey pour célébrer le mariage d'Eric Clapton et de Patti Boyd, l'ex-femme d'Harrison. Cette fête se tiendra à la suite de la cérémonie officielle tenue le 27 mars en Arizona. Il ne manquera que John pour que les Beatles soient de nouveau réunis sur la scène où s'entasseront également Mick Jagger, Denny Laine, Ginger Baker et Lonnie Donegan lors d'un concert privé exceptionnel. Certaines chansons du quatuor de Liverpool seront reprises pendant la soirée.

Pour se remettre des événements entourant la sortie du nouvel album et pour profiter du temps libre à la suite des vacances des musiciens des Wings, Paul se réfugiera à l'été 1979 dans un studio aménagé à la maison pour pondre de multiples chansons en solo. De fait, il produira ses compositions en reprenant les mêmes techniques utilisées en 1970 pour l'enregistrement de l'album *McCartney*. Stevie Wonder avait été la seule autre personne à l'époque à utiliser semblable procédé. Directement branché sur une Studer 16 pistes, Paul ne passera pas par une console de son pour mettre sur bande les nouvelles compositions. Grâce au soutien technique d'Eddie Klein, il réalisera plus d'une vingtaine de chansons dans le seul but de les écouter dans son automobile. Par la suite, en les faisant écouter à des amis, ceux-ci inciteront fortement l'artiste à les rendre publiques. Il dira en entrevue: «En fait, j'essayais de ne pas faire d'album. Je voulais faire quelque chose de complètement différent. L'idée était de faire une cassette de matériel que j'écouterais seulement dans mon auto. Juste pour moi. Il n'y avait pas de plan pour sortir quoi que ce soit. Mais certaines personnes ont dit que ce serait mon prochain disque...[15]»

De ces sessions, il ne retiendra que onze titres pour le prochain album. Dûment complétées, les chansons *Mr. H Atom, You Know I'll Get You Baby, Bogey Wobble* (différente de *Bogey Music*), *All You Horseriders, Blue Sway* font encore partie de collections privées, tandis que les pièces expérimentales *Check my Machine* et *Secret Friend*, d'une durée de dix minutes, deviendront des faces B. Ces chansons seront un mélange de musique électronique avant-gardiste enrobée de quelques mélodies légères. Ce qui n'empêchera pas les superbes ballades *One of These Days* et *Waterfalls* (le nom de la maison de Paul dans le Kent) de se frayer un chemin. McCartney imitera le style élaboré par Brian Eno pendant l'été 1979, au grand désarroi de sa compagnie de disques. Celle-ci ne désirera pas mettre de l'avant les compositions les plus expérimentales de l'artiste, réduisant *McCartney II* à un seul disque. Ce n'est que près d'un an plus tard qu'il paraîtra en magasin sous sa forme définitive, grâce au futur tube *Coming Up*.

Le 10 août arrivera en magasin le 45 tours *Seaside Woman* (A & M AMS 7461) de la mystérieuse formation Suzy & The Red Stripes. Il s'agira en fait de deux chansons enregistrées il y a plusieurs années par Linda McCartney (la face A en 1972 et la face B en 1977). L'impact sur les palmarès sera nul, nécessitant une réédition l'année suivante sous le nom réel de son auteure. Le même jour, les Wings récidiveront en Angleterre avec *Getting Closer/Baby's Request* (Parlophone R 60270), une autre déception.

Paul McCartney n'aura pas dit son dernier mot, car à l'automne 1979 il prépare une tournée mondiale pour son groupe, la première depuis celle de 1975-1976. Déjà, les fans spéculeront que ce sera la dernière série de concerts du groupe. En attendant, McCartney recevra le 24 octobre le titre de «Compositeur ayant obtenu le plus de succès dans le monde» par le *Livre des records Guinness*. Pour souligner le nombre impressionnant de disques d'or reçus au cours de sa carrière, on lui présentera, au cours d'une cérémonie, un disque de rhodium, le métal le plus rare sur la planète. À l'époque, McCartney ne se doutait pas qu'une importante exposition à cette matière peut être nocive pour la santé...

Pour s'assurer un bon retour, McCartney mettra en vente le 16 novembre le 45 tours *Wonderful Christmastime*, accompagné de *Rudolph the Red-Nosed Reggae*. Si la première chanson a été enregistrée en juillet dernier, la deuxième remonte à 1975: «Je bricolais dans un petit studio et il faisait une chaleur d'enfer. Peut-être était-ce le jour le plus chaud de l'année. J'ai alors pensé à faire un disque de Noël, juste par ironie. Pour *Rudolph the Red-Nosed Reggae*, j'étais en train de faire une musique de film (1975) et un type est entré dans le studio pour apporter des amplis. Il m'a dit: «Je suis violoniste.» Je lui ai demandé d'apporter son violon. Quand il est revenu, on a fait *Rudolph*, pour rire. Depuis, je ne l'ai jamais revu. J'ignore son nom. Si vous le rencontrez, rappelez-lui qu'il y a de l'argent pour lui[16].» Encore aujourd'hui, *Wonderful Christmastime* reste un classique de Noël.

La tournée des Wings rehaussera l'image du groupe. À partir du 23 novembre, le groupe de Paul traversera l'Angleterre et l'Écosse avec une équipe réduite de 40 personnes, se produisant devant des milliers de fans en liesse. La majorité d'entre eux devront passer une nuit devant les guichets pour se procurer un des précieux billets mis en vente. Sur le marché noir, les revendeurs seront assaillis, même s'ils ont multiplié par dix le prix demandé. Vraiment, les Wings n'auront pas perdu la cote auprès des amateurs. Cette fois-ci, McCartney réduira ses coûts de production et fera appel à la compagnie TFA Electro Sound pour la sonorisation et l'éclairage. Il sera tout de même accompagné par la section de cuivres de la précédente tournée, constituée de Tony Dorsey, Thaddeus Richard, Howie Casey et Steve Howard. Les Wings prouveront leur pertinence en offrant une prestation très rock de plus de deux heures. La liste des chansons interprétées constituera probablement la plus intéressante jamais offerte par McCartney, débutant avec une reprise de *Got To Get You Into my Life* des Beatles et poursuivant avec des chansons tirées de *Back to the Egg* et *London Town*. Au chapitre des succès, notons *Mull of Kintyre, Band on the Run, Every Night* et *Goodnight Tonight*. Seulement trois autres chansons des Beatles seront également au menu: *Yesterday, Let it Be* et *Fool on the Hill*. Les Wings présenteront également une chanson jusqu'alors inédite, *Coming Up*. Au total, vingt-deux chansons feront partie du répertoire joué pendant cette série de concerts.Tout se mettra en place pour que les Wings fassent dans les prochains mois un retour remarqué au Japon, en Australie et aux États-Unis.

Les quatre premiers concerts donnés à Liverpool (23, 24, 25 et 26 novembre) au profit du Royal Court Theater resteront un des faits saillants de la tournée. Manchester (28 et 29 novembre), Southampton (1er décembre), Brighton (2 décembre), Lewisham (3 décembre), Londres (5 décembre au Finsbury Park, 7-10 au

Wembley Arena), Birmingham (12 décembre), Newcastle (14 décembre), Edinburgh (15 décembre) et Glasgow (16 et 17 décembre) compléteront la liste des villes visitées. Les deux derniers concerts seront enregistrés par McCartney, souhaitant la sortie d'un nouvel album en spectacle. Ces bandes, d'une qualité exceptionnelle, seront plusieurs années plus tard disponibles sur Internet.

Après un appel téléphonique entre John Lennon et Paul McCartney à quelques jours de Noël, les Wings finiront l'année, soit le 29 décembre, par un concert-bénéfice pour venir en aide aux Cambodgiens. *Concerts for the People of Kampuchea*, tenu au Odeon Hammersmith de Londres du 26 au 29 décembre, mettra en vedette une pléiade d'artistes tels que Elvis Costello, Robert Plant, The Who, Queen, The Pretenders et The Clash. De nouveau, des rumeurs circuleront selon lesquelles les Beatles se réuniraient pour l'occasion. Mais après avoir donné le concert prévu, McCartney clôturera l'événement en réunissant pour l'occasion le Rockestra, constitué, entre autres, de Pete Townshend (The Who), Ronnie Lane (ex-Faces), Jimmy Honneyman-Scott (The Pretenders), Dave Edmunds (Rockpile) et de trois membres de Led Zeppelin (Jimmy Page étant absent). Les vingt-quatre musiciens interpréteront *Lucille, Let it Be* et le fameux *Rockestra Theme.* Le retour des Beatles n'aura donc pas lieu…

Chapitre V

McCartney prise II
(1980-1985)

Il faudra une énorme crise pour que McCartney retombe sur ses pieds et amorce une nouvelle période dans sa carrière. L'année 1980, à l'image de 1970, marquera de grands changements. Depuis 1977, Paul s'est éloigné de son public en ne produisant que des œuvres sévèrement critiquées. Si le 45 tours *Mull of Kintyre* s'est écoulé à deux millions d'exemplaires, on ne pourra en dire autant de ses enregistrements subséquents. Neuf jours passés en prison suffiront à Paul pour réfléchir sur son avenir.

L'année 1980 devait être celle du grand retour des Wings au Japon et aux États-Unis. Même s'il s'est vu interdit de séjour au Japon par le ministre de la Justice en 1975, en désaccord avec l'attitude de McCartney face à la drogue, ce dernier décidera de repartir à la conquête d'une partie de l'Asie. Cette venue nécessitant plusieurs années de travail, le producteur Seijira Udo réussira enfin à obtenir les visas nécessaires à McCartney et organisera une tournée de onze concerts donnés en deux semaines en janvier 1980. Plus de 100 000 billets seront vendus. En provenance de New York où une rencontre avec John et Yoko avait été avortée (les Lennon ayant refusé de fumer la cargaison magique de Paul!), la famille McCartney débarquera à l'aéroport international Narita de Tokyo le 16 janvier 1980, cinq jours avant le début de la tournée échelonnée du 21 janvier au 2 février. Celle-ci devra se conclure avec trois concerts au célèbre Budokan Hall, là où s'est tenue la dernière prestation des Beatles en terre nippone, soit le 2 juillet 1966.

Attendu par de nombreux fans et la presse, le musicien de 37 ans sortira de l'avion après 14 heures de vol, offrant son sourire habituel et les deux mains collées en forme d'ailes aux journalistes. Télédiffusé en direct, le débarquement sera suivi d'une fouille des bagages de la famille. On découvrira dans une valise 187 grammes de marijuana (et non 219 grammes comme le rapportent certains écrits). Le paquet sera trouvé sur une pile de vêtements, n'indiquant aucune intention de la part de son propriétaire de le dissimuler. McCartney payera cher ses onze années de dépendance à cette substance. Au même moment, tout le Japon sera informé de la nouvelle. Mauvaise langue, Jo-Jo Laine (épouse de Denny) dira par la suite que Linda avait également une grosse réserve de cannabis dans son sac à cosmétiques[1]. *Le Monde* rapportera: «Apparemment, Paul McCartney n'avait pas connaissance de la rigueur des lois japonaises en matière de drogues. La police, informée en outre de ses penchants pour les narcotiques, a certainement été particulièrement minutieuse dans la fouille des bagages[2].» De nombreuses photographies seront prises alors que Paul est menotté par les autorités japonaises pour interrogation immédiate.

Quelques heures après l'incarcération de Paul, le promoteur Seijiro Udo annulera la tournée des Wings et perdra les 420 000 $US investis dans l'affaire. Il décidera quatre jours plus tard de poursuivre McCartney, ce dernier faisant face à de lourdes accusations aux conséquences graves. Une telle offense devrait déboucher normalement sur une peine d'emprisonnement de sept ans et une amende de 500 000 yens. Ignorant ce que l'avenir réservera à Paul, les autres membres des Wings quitteront le pays, Denny Laine se rendant dans le sud de la France en laissant Linda seule au Japon à l'hôtel Okura où une chambre se loue 500 livres anglaises par nuit. En attendant son verdict, Paul occupera la minuscule cellule 22, voisine de celle d'un meurtrier et d'un Japonais interpellé pour possession de marijuana. Tous les matins, il sera réveillé à 6 h pour l'inspection générale et le petit déjeuner, algues et soupe à l'oignon remplaçant les Corn Flakes habituels du chanteur. Une période d'exercice de vingt minutes suivra, seule véritable pause cigarette pendant la journée. Guitare, papier et crayons seront interdits lors du séjour, remplacés par des livres de science-fiction d'Isaac Asimov apportés lors d'une visite de Linda. Celle-ci lui apportera également des sandwichs, un supplément au traitement privilégié accordé pour le dîner: le riz et le thé donnés aux prisonniers seront remplacés pour le citoyen britannique par du pain et du café. Côté hygiène, ce ne sera qu'une fois par semaine qu'on lui donnera accès aux bains, en privé ou en commun.

Malgré tout, Paul gardera le moral et réussira à faire rire ses visiteurs. En entendant à l'extérieur des murs gris de l'édifice des fans hurler pour obtenir sa libération, il dira: «Sommes-nous au fameux Budokan Hall?» Un après-midi, il aura même une séance d'improvisation avec les autres détenus, interprétant les chansonnettes *Baby Face* et *Red, Red Robin*. Quelques demandes spéciales l'inciteront à entonner *a capella Yesterday* et à signer de nombreux autographes, seul moment où il pourra écrire. En juxtaposant les mots japonais *ohio* (bon matin) et *tanto* (gardien), il créera une chanson intitulée *Good Morning Policeman*. Aucun enregistrement de la chose n'a encore vu le jour. Après une journée bien remplie, McCartney et ses nouveaux camarades devront se plier au couvre-feu de 20 h. Seuls un petit matelas posé sur le sol et une couverture les attendront pour leur repos.

Les pressions fuseront de toutes parts pour faire libérer Paul, laissant même place à des actes démesurés. Ainsi, un homme de vingt-neuf ans, Kenneth Lambert, brandira un pistolet en plastique à l'aéroport de Miami en déclarant partir pour libérer Paul. Sans billet pour prendre le prochain vol en direction de Tokyo, il en fera la demande en pointant son «arme» sur les préposés. Le malheureux a été abattu sur-le-champ par les policiers[3]. Si les fans plus conservateurs se limiteront à envoyer à leur idole de nombreuses lettres et télégrammes en guise de soutien, les bonzes de l'industrie musicale verront la chose autrement. Jointe à New York, Yoko Ono ne s'en inquiétera guère: «Il n'y a rien à dire là-dessus. Ce n'est pas si grave», soutiendra-t-elle lors d'un entretien téléphonique. Ringo Starr dira sensiblement la même chose à son ami: «Eh! ne t'en fais pas. Tu sortiras de là bientôt... tu es tellement malchanceux[4]!»

McCartney sera libéré le 25 janvier à 16 h 15 après avoir passé neuf jours et neuf nuits en prison. Le gouvernement agira de bonne foi en le libérant, stipulant que la drogue était pour une consommation personnelle et non destinée à la revente. Les vifs regrets exprimés par Paul joueront également en sa faveur. Les retrouvailles avec sa famille seront émouvantes, celui-ci étant visiblement épuisé et amaigri à la suite de cette aventure. Pressé de sortir de cet enfer, il oubliera sa bague de mariage au poste de détention lorsque le vol 403 de la Japan Air Lines décollera du New Tokyo International Airport à 21 h 50. À son bord, quelques journalistes se faufileront en première classe pour obtenir les récents commentaires de l'ex-détenu. Il jurera alors ne plus jamais fumer de marijuana. En direction d'Amsterdam, via Anchorage en

Alaska, les McCartney verront leur entrée en Hollande refusée par le gouvernement et devront immédiatement embarquer à bord d'un jet privé pour se rendre à leur domicile situé dans la région du Sussex, en Angleterre. Seule conséquence de son entrée avec possession de drogue au Japon, Paul se verra interdit de séjour au Japon pour la prochaine année, et peut-être pour toujours selon les autorités. Il devra également débourser les différents dédommagements exigés par le promoteur local, soit un demi-million de dollars.

McCartney décrira brièvement à Ross Benson du *London Express News* son séjour là-bas: «Le gars emprisonné pour meurtre, le dos couvert d'un énorme tatou représentant un samouraï, essayait de me faire peur. Il n'arrêtait pas de me dire que je serais là pour très longtemps. Je me suis habitué à ce genre de blague et nous sommes devenus de bons amis. Dans les derniers jours, je me suis amusé à le taquiner à mon tour[5].» Deux jours plus tard et libre comme l'air, il prônera une fois de plus les vertus de la marijuana. Dans les dix jours suivant son arrivée, Paul écrira en secret un livre de 20 000 mots intitulé *Japanese Jailbird*, récit de son incarcération au Japon. Achevé en 1984, son auteur a tenu à cacher l'ouvrage dans un coffre-fort. L'interdiction de publication tient toujours... Ironiquement, la même année qu'il écrira ses souvenirs, il sera de nouveau accusé de possession de drogue, cette fois aux Barbades.

Le retour au travail

Pendant son court séjour au Japon, Paul prendra le temps de réfléchir à ses projets, passés, présents et futurs. Il décidera pour le printemps de mettre sur le marché les nouvelles chansons enregistrées à l'été 1979. Les réactions suscitées par la chanson *Coming Up* lors des derniers concerts des Wings en Angleterre inciteront l'artiste à l'envoyer aux radios le 11 mai 1980, moussant ainsi la sortie de son nouvel album prévue le 16 mai: «J'ai composé *Coming Up* d'une façon peu conventionnelle, en commençant tout d'abord à enregistrer certains de mes élans à la batterie. À partir des rythmes élaborés, car je n'avais aucune idée de la chanson que je faisais, je me suis mis à construire quelque chose. Les guitares et la basse se sont ajoutées, puis je me suis demandé ce que je pourrais bien chanter par-dessus tout cela!

L'appareil avec lequel je travaillais me permettait de varier la vitesse de ma voix, me donnant ainsi certaines possibilités. Je me suis également mis à jouer avec une machine à échos et tout s'est mis en place[6]», expliquera-t-il. Le 45 tours *Coming Up – Coming Up (Live at Glasgow)/Lunch Box – Odd Sox* (Parlophone R 6035) atteindra une excellente position sur les palmarès, la version en spectacle atteignant la première position aux États-Unis. Le vidéoclip accompagnant le 45 tours restera gravé dans la mémoire des fans. Pour l'occasion, Paul se déguisera en différents personnages faisant partie de l'imaginaire du groupe The Plastic Macs, et renouera avec son passé en revêtant son costume des Beatles. La production de 500 000 $ sera fréquemment présentée.

Les onze chansons de *McCartney II*, premier album solo depuis plusieurs années, atteindront leur cible et seront encensées par les critiques. On y vantera la spontanéité et les mélodies orchestrées par McCartney sur *Darkroom, On the Way* et *Bogey Music*. Quoique composée avant son arrestation, *Frozen Jap* (Japonais congelé) n'est pas sans rappeler son aventure au Japon. *Waterfalls* (Parlophone R 6037) et *Temporary Secretary* (Parlophone R 6039) seront les deux autres extraits lancés en juin et en septembre de la même année. En Angleterre, l'album restera sur les palmarès pendant dix-huit semaines.

Malgré le succès critique obtenu par *McCartney II*, les musiciens des Wings se retrouveront en juin au Finston Manor, dans le Kent, pour de longues séances d'improvisation. On travaillera déjà sur ce qui deviendra *Tug of War* et le projet *Cold Cuts* sera ressuscité pour l'occasion. Une douzaine de chansons découleront de cette période de travail, permettant la naissance de *Ballroom Dancing* (*Tug of War* – 1982), *Call of Nature* (inédite) et *Angry* (*Press to Play* – 1986). Paul désirera pondre l'ultime disque et composera une quantité impressionnante de titres pendant l'année 1980. Avec les Wings, il imaginera une suite à *Band on the Run* et *Venus and Mars*.

Après avoir envoyé quelques maquettes à son ami Ringo, McCartney s'envolera pour la France en juillet où il passera un temps considérable à travailler sur le prochain album du batteur, *Stop and Smell the Roses*. La production finale de cet album réunira par ailleurs George Harrison et John Lennon. Mais la collaboration de Paul s'étendra du 11 au 21 juillet aux Super Bear Studios, endroit de prédilection où le groupe Pink Floyd avait enregistré l'album *The Wall* en 1979. Paul amènera avec lui Lawrence Juber des Wings, Howie Casey (saxophone) et Lloyd Green (guitare) dans le but d'enregistrer les compositions qu'il offrira pour l'occasion, *Attention* et *Private Property*. Au total, le clan McCartney travaillera sur cinq chansons. Linda profitera du temps alloué en studio pour terminer, le 16 juillet, une première version de huit minutes de *Loves Full Glory*, réduite par la suite en Angleterre à près de quatre minutes.

À son retour, Paul s'enfermera pendant le mois d'août au Rude Studio, produisant des versions mono et stéréo de 14 nouvelles chansons, dont dix figureront sur les albums *Tug of War* (1982) et *Pipes of Peace* (1983). *Unbelievable Experience, Here's the Chord Roy, Seems Like the Old Times* et *Stop, You Don't Know Where She Came From* restent encore inédites, et ce, malgré la radiodiffusion de cette dernière en 1995. McCartney ne savait pas encore ce qu'il attendait de ces chansons, anticipant la venue de George Martin pour lui indiquer le chemin à suivre.

À l'automne, Laurence Juber et Steve Holly apprendront que le prochain disque à paraître se fera sans les Wings. Seul Denny Laine ira rejoindre McCartney en studio du 27 octobre au 3 décembre pour y terminer la bande sonore de *Rupert* et enregistrer *We all Stand Together*, chanson enregistrée quatre ans plus tard. Pour les deux autres musiciens, l'avenir du groupe est loin d'être certain, poussant Juber à déménager en janvier à New York à la suite d'une ultime séance avec le groupe et juste avant la dissolution officielle des Wings le 27 avril 1981. Mais, en février, la presse s'était déjà emparée de l'histoire. À 40 ans, Paul n'a plus besoin des Wings pour vaincre sa peur d'être rejeté du public. Il met ainsi un terme à une aventure de dix albums en autant d'années, neuf tournées et une série de numéros un l'enrichissant de plus de 200 millions de dollars.

Un autre événement important viendra clôturer l'année 1980: l'assassinat de John Winston Lennon le 8 décembre à 22 h 45 devant l'édifice Dakota à New York. En route vers son appartement après une séance de travail au Hit Factory pour mettre le point final à son disque *Double Fantasy*, le chanteur sera attendu devant la porte d'entrée par Mark David Chapman, âgé de 25 ans. Le meurtrier tiendra dans ses mains un calibre 38, acheté récemment à Honolulu. Cinq balles, dont trois atteindront mortellement les poumons, auront raison de l'idole d'une génération. À l'hôpital

Roosevelt, les médecins tenteront l'impossible pour sauver le musicien, mais à 23 h 15, on constatera son décès alors que Yoko Ono et David Geffen attendront dans le corridor de l'établissement. Ce soir-là, la musique perdra une partie de son âme. Six heures avant l'événement, Lennon disait à un journaliste: «Je considère mon œuvre comme un tout, et mon travail ne sera terminé que le jour où je serai mort et enterré, j'espère qu'il est lointain. J'ai à nouveau fortement envie d'enregistrer des disques. Je veux encore en créer quelques-uns avant de mourir[7].» Simple prémonition? Le soir de l'assassinat, le réalisateur Jack Douglas travaillera au Hit Factory sur la dernière chanson enregistrée par Lennon. Quelques heures avant sa mort, le musicien aurait dit de bien étranges choses à Douglas, anticipant sa disparition. Le réalisateur effacera les bandes et s'enfermera dans le mutisme complet pendant un an.

McCartney apprendra la nouvelle à son domicile situé dans le Sussex, en Angleterre, tandis que Linda accompagnera les enfants à l'école. Après avoir reçu l'annonce au téléphone, Paul se rendra, bouleversé, au Air Studio de Londres où l'attendront Denny Laine et George Martin pour une session d'enregistrement de la chanson *Rainclouds*. Elvis Costello, occupant le studio adjacent pour la production de son prochain album, partagera cette triste journée. L'ex-Beatles sera cependant incapable de terminer son travail étant donné les circonstances. Ce n'est que plusieurs mois plus tard que McCartney sera capable de réagir à la disparition de son ami: «C'était complètement fou, apeurant, dément. La fin du monde était arrivée. Je me demandais: "Est-ce que je suis le prochain?" Toutes sortes d'émotions m'envahissaient alors. Je ne peux encore l'exprimer avec des mots, le choc est trop grand. Tout ce que j'ai trouvé à dire le jour même, c'est "la situation est embêtante" (*it's a drag*). Ça ne résume pas très bien la chose[8]», dira-t-il au magazine *Music Express*. Sur les ordres de son entourage, sa sécurité sera immédiatement renforcée. McCartney affirmera ne pas avoir l'intention de repartir en tournée d'ici les cinq prochaines années. C'est la raison principale pour laquelle il restera paisiblement en studio.

Mort de Wings, renaissance de McCartney

En 1981, Paul décidera que son prochain disque sera centré sur le thème du conflit. Denny Laine collaborera sur six des douze chansons de *Tug of War* avant son départ en avril, puis McCartney fera appel à une brochette imposante d'invités. Stevie Wonder, Carl Perkins, Ringo Starr, Steve Gadd (batterie), Stanley Clarke (basse), Eric Stewart (guitare), Adrian Sheppard (batterie), Dave Mattacks (batterie) seront présents à l'une ou l'autre des séances d'enregistrement étalées sur un an. En faisant appel aux services de George Martin, il s'assurera que le résultat final sera cohérent sur le plan musical. Derrière la console, Geoff Emerick veillera à ce que tout se déroule bien. Il aurait été gênant que McCartney accouche d'un mauvais album après avoir engagé autant de noms connus...

Quelques semaines après l'assassinat de Lennon, Paul filera vers l'île de Montserrat pour rejoindre George Martin à son studio d'enregistrement. Cette visite deviendra une véritable thérapie, entre les randonnées en jeep et les bains de soleil, pour se remettre de la mort de John. Du 2 février au 3 mars 1981, il finalisera *Somebody Who Care, The Pound Is Sinking, Hey Hey, No Values* et *Rainsclouds*. Les 16 et 17 février, Ringo enregistrera les rythmes de *Take it Away* tandis que le 21, Carl Perkins jouera de la guitare sur *Get it*. Ce n'est que le 26 février que Stevie Wonder s'amènera tardivement en studio pour chanter *What's That You're Doing* et le futur succès *Ebony and Ivory*. Quelques jours auparavant, il avait appelé le gérant de Paul pour annuler sa participation, prétextant être en production d'un soi-disant futur album. Heureusement, McCartney attrapera le téléphone et convaincra Stevie de le rejoindre à Montserrat. Après tout, son invité n'avait-il pas dit qu'il serait de la partie? Il s'en est fallu de peu pour que le duo n'ait jamais lieu. Soulignons que *Ebony and Ivory* sera écrite après une chaude dispute entre Linda et Paul, commentera ce dernier quinze ans plus tard[9]. Lorsqu'il quittera l'île, McCartney recevra la facture de ses sessions d'enregistrement: les frais exigés s'élèveront au coût de construction d'un nouveau studio! Spécifions que pour la première fois en carrière, les chansons seront mixées à l'aide d'un système numérique plus moderne et plus onéreux...

Le mariage de Ringo, tenu le 27 avril au Marybelone Registry Office de Londres, permettra une réunion informelle des trois Beatles vivants. Les 70 invités auront alors droit à une gigantesque session d'improvisation avec Harrison à la guitare, McCartney et Harry Nilsson au piano tandis que Ringo partagera les percussions avec Ray Cooper. Une photo réunissant Paul, George et Ringo deviendra la première depuis celle prise le 22 août 1969, quelques mois avant la séparation du groupe. Étant donné les récents événements, la veuve de Lennon et son fils Sean n'avaient pas été invités aux célébrations, laissant Yoko quelque peu perplexe: «À la suite de ce qui est arrivé, Ringo et Barbara ont peut-être été gênés de m'inviter parce que ce n'était pas le bon moment de rencontrer des gens heureux. Mais ça aurait été gentil d'en discuter avec moi avant[10]!» dira-t-elle.

En mai, les chansons *Say Say Say* et *The Man*, futures collaborations avec Michael Jackson, seront à l'étape de création. Rappelons que c'est parce que Jackson a repris la chanson *Girlfriend* de Paul, en 1979, que les deux artistes pourront se rencontrer. C'est d'ailleurs à la suite d'un appel téléphonique inusité que ceux-ci collaboreront: «Il m'a téléphoné le jour de Noël. J'étais en train de développer les cadeaux avec les enfants, occupé à être un bon père, lorsque la sonnerie du téléphone a retenti. En décrochant, j'ai immédiatement pensé que c'était une fan, la voix semblait être celle d'une fille. Avec un ton grave, j'ai demandé qui était à l'appareil. "Michael Jackson", dit la voix haute et douce. "Sérieusement, qui êtes-vous?" ai-je répliqué. "Oh, vous ne me croyez pas! C'est fantastique", a-t-il ricané. Enfin, c'est vraiment un gentil garçon, peut-être innocent mais pas naïf[11]», dira Paul quelques mois avant que Jackson achète sous son nez le fameux catalogue des chansons des Beatles. Au total, c'est 159 titres de Northern Songs qui tomberont dans les mains de l'artiste américain. Il aurait fallu que Yoko et Paul puissent s'entendre pour éviter la catastrophe... Pas encore tout à fait satisfait de son travail, McCartney se rendra à l'été au Rude Studio pour travailler sur une quizaine de titres dont la plupart apparaîtront sur les deux prochains disques. McCartney travaillera sur *Here Today*, un hommage à John Lennon où il chantera: «Pour moi/Je me rappelle comment c'était avant/Et je ne peux plus retenir mes larmes/Je t'aime[12].» Les activités en studio de McCartney seront considérablement réduites par la suite, celui-ci préférant se pencher sur l'écriture d'un scénario de film. Il annoncera alors: «J'essayais de faire un long métrage, même si tout le monde le fait présentement. Mais le mien sera différent, il sera meilleur. J'essaie de faire un film basé sur l'album, ce qui devrait prendre un temps considérable. Je le ferai...[13]» Toujours en 1981, il approchera le producteur Eddy Pumer dans le but de créer une émission de radio intitulée *Oobu Joobu*, une série de 15 heures animée par McCartney lui-même où entrevues et chansons inédites seraient diffusées. Le projet ne prendra forme qu'en 1995.

Au cours de l'année 1981, Paul aura l'occasion de racheter Northern Songs, constitué des droits d'auteur des chansons des Beatles. De fait, ses propres créations au sein du quatuor ne lui ont jamais appartenu, ayant été volées par une mauvaise administration. Le coût total d'un tel rachat est de 20 millions de dollars américains, une bagatelle pour le principal intéressé puisque cela ne représente qu'une année de salaire. Par souci d'économie et pour avoir bonne conscience, Paul téléphonera à Yoko Ono pour lui demander d'acheter le catalogue en partenariat. Ainsi, les profits tirés du travail de John iront à ses héritiers. La veuve refusera la proposition, pensant qu'avec les années le coût d'une telle transaction diminuerait à 5 millions de dollars. Trois ans plus tard, Michael Jackson donnera 47,5 millions dans le but d'acquérir les droits. En 2002, on estimait à 500 millions de dollars la valeur des chansons des Beatles. Peter Brown expliquera à la télévision américaine l'attitude initiale de McCartney: «Il n'a pas acheté le catalogue simplement parce qu'il est avare[14].»

L'année 1982 sera celle de tous les malheurs pour Denny Laine, ancien partenaire musical de McCartney. Après un divorce avec Jo-Jo, sa compagne depuis près de dix ans, il s'exilera en Espagne dans le but de fuir les percepteurs d'impôts. Laine fera faillite un an plus tard, malgré la promesse (non tenue) de Paul de régler les comptes de son ami. Pour l'ancien leader des Wings cependant, 1982 sera la bénédiction tant attendue. La sortie de *Tug of War*, initialement prévue pour le 15 février 1982, sera reportée au 12 mars puis au 26 avril de la même année. La presse s'entendra alors pour dire que le chanteur signe un de ses plus grands albums, son treizième depuis 1970. L'album passera 27 semaines sur les palmarès, atteignant la première position le 8 mai. En quatorze jours, 20 000 exemplaires seront vendus en Angleterre seulement; ce chiffre passant à 100 000 en août. Aux États-Unis, la chanson *Ebony and Ivory* (Parlophone R 6054) conservera la première position à la radio pendant sept semaines. Si *Band on the Run* est un classique, *Tug of War* reste encore aujourd'hui le disque préféré de Paul. Ces résultats donneront raison à McCartney d'avoir quitté les Wings pour voler de ses propres ailes.

Le succès de son récent album incitera son créateur à travailler sur une suite à *Tug of War*, déjà entreprise lors des sessions précédentes. Mais avant, il enregistrera en avril 1982 *The Girl Is Mine* avec Michael Jackson. La chanson verra le jour en novembre 1982 sur l'album *Thriller* et sortira en 45 tours l'année suivante. Plus de quarante millions d'exemplaires de *Thriller* se vendront en vingt ans, surclassant presque toutes les ventes de disques sur la planète, le *Greatest Hits* des Eagles occupant toutefois la première position.

C'est véritablement à l'automne 1982 que McCartney reprendra la route du studio pour enregistrer d'autres chansons qui figureront sur *Pipes of Peace* (1983) et sur la bande sonore de son film, *Give my Regards to Broad Street* (1984). Officiellement amorcée le 8 novembre, la production du long métrage ne sera achevée que le 23 octobre 1983 au coût de 9 millions de dollars. Auparavant, l'écriture du scénario et les différents pourparlers pour amorcer la production du film auront occupé une bonne partie de l'horaire du créateur. Les séances de travail avec l'écrivain Tom Stoppard n'ayant pas découlé sur les résultats espérés, il écrira seul le scénario. Une tâche longue et ardue pour le musicien.

En novembre 1982, Paul se consacrera à ce qu'il fait de mieux: des chansons. *So Bad, Tug of Peace, The Other Me* et *Through our Love* seront enregistrées, puis il amorcera un travail important de réinterprétation de ses grands classiques. D'ici le mois de mai 1983, il remaniera quatre chansons de son répertoire solo et six chansons des Beatles: *For No One, Eleanor Rigby, Good Day Sunshine, Here, There and Everywhere, The Long and Winding Road* et *Yesterday*. En studio, il sera conseillé encore une fois par George Martin et accompagné par David Gilmour de Pink Floyd (guitare), John Paul Jones de Led Zeppelin (basse), Ringo Starr (batterie), Dave Edmund (claviers) et Eric Stewart (voix).

La bande sonore de *Give My Regards to Broad Street* étant terminée, il se concentrera sur le tournage du film aux Elstree Studios, un tournage de plus en plus difficile, rapporteront les gens des disques CBS et de 20th Century Fox. McCartney sera non seulement exigeant envers lui-même — il travaillera jusqu'à 18 heures par jour —, mais également avec les autres. «Monsieur Ego» n'acceptera pas les critiques des autres producteurs, filant tout droit vers l'échec. Les crises de larmes seront nombreuses sur le plateau, tant pour les jeunes assistants que pour les plus expérimentés. Rien ne s'arrangera lorsque l'on constatera que le producteur, Andros Epaminonda, a une bien mince expérience. Piètre comédien, Paul tentera tant bien que mal de tirer son épingle du jeu.

Anecdote intéressante tirée du tournage: dans la séquence où Paul rêve qu'il devient un musicien de rue mal interprétant la chanson *Yesterday* pour obtenir la charité des passants, un vrai piéton lui glissera quelques pièces dans son chapeau...

Entre deux prises, le musicien ira retrouver son Rude Studio. Deux chansons enregistrées au printemps 1983 existent encore, *Twice in a Lifetime* et *In my Darkest Hours*. En août, il se penchera sur *I Remember Days, Freckles, Make it to Victoria, Underwaterland* et *Bum Raps and Badger Traps*. Par la suite, les archives musicales de McCartney resteront muettes pendant un an. C'est pendant cette période que le chanteur commencera à faire place au peintre. À 40 ans, il décidera de s'aventurer sur d'autres territoires: «Je pensais que j'aimerais bien peindre, que ce serait libérateur pour moi puisque j'avais beaucoup d'idées visuelles. Avec les années, j'ai été amené à travailler sur des pochettes de disques et sur des films exigeant l'éclosion d'idées. Même en musique, on parle en des termes visuels... Je devais me défaire de cette idée que la peinture était quelque chose d'inaccessible pour moi étant donné que je n'avais pas fait l'école des Beaux-arts. Je me suis donc mis à acheter des canevas...[15]» L'autodidacte apprendra à manier différentes techniques pour créer ses œuvres, comme il l'avait fait vingt ans plus tôt en joignant les Beatles. Il passera de deux à trois heures, pendant de nombreux après-midi, à faire quelques esquisses, avec plus ou moins de succès. Il fera la connaissance d'un ami de Linda, le célèbre peintre Willem de Kooning (1904-1997), dans les années qui suivront. Paul parlera rarement en public de sa passion pour la peinture jusqu'en 1999, année où il fera sa première exposition.

Au cours de cette année, McCartney aurait pu voir sa famille s'élargir davantage puisqu'il a dû faire face à des histoires d'enfants illégitimes. La plus médiatisée sera sans contredit celle de Bettina et Erika Heubers. Cette dernière racontera qu'elle aurait eu une aventure avec le Beatles lors d'un passage à Hamburg en 1961. Si le musicien n'admettra jamais sa paternité, il versera une somme de 2 700 livres anglaises en 1966 pour se débarrasser de cette situation. En 1983, Bettina ressurgira en faisant la première page du magazine *Time* avec un disque de son présumé père entre les mains. Le dossier se rendra dans une cour allemande et Paul acceptera de passer un test sanguin. Même si le test se révélera négatif, la juge ordonnera à Paul de payer une pension de

180 livres par mois en attendant le verdict final. En avril, McCartney sera reconnu comme étant le vrai père de Bettina, mais il refusera de verser une quelconque somme d'argent. Deux mois plus tard, la jeune femme fauchée posera nue pour le magazine *High Society*. Les photos feront le tour de la planète, s'inscrivant aujourd'hui dans les annales d'Internet. De multiples tests sanguins subséquents permettront à McCartney d'être enfin libéré de toute responsabilité: il n'est pas le père de Bettina. Les frais juridiques, s'élevant à 60 000 livres par la défense, devront être remboursés par les Heubers. Dans un élan de générosité, Paul ne demandera pas à être dédommagé.

Puis, il y aura un autre article douteux de la journaliste Alistair Taylor publié dans le numéro de janvier 1983 du journal *The Sun*. Il fera état que le premier enfant de McCartney aurait été un certain Philip Howart, né en 1963. L'auteur Peter Brown reprendra également l'histoire dans son livre *The Love You Make*. Cependant, l'homme en question refusera toute implication dans cette histoire et ne quémandera pas d'argent à McCartney, son désir de passer à autre chose étant plus grand que celui de rencontrer son «vrai» père. Somme toute, McCartney se tirera de ces controverses sans égratignure[16].

La sortie de *Pipes of Peace* le 17 octobre 1983 sera accompagnée de commentaires moins élogieux que ceux émis pour *Tug of War*. Les onze titres à saveur de pop sucrée en ont écœuré certains, malgré le succès retentissant de *Say Say Say*. Pour l'occasion, ce ne seront pas les nouveaux élans artistiques de Paul qui prendront place sur la pochette, mais une photographie prise par Linda. À l'intérieur se trouve une réplique de la peinture *Chaise et pipe* de Vincent Van Gogh. Toutefois, *Pipes of Peace* tombera à plat, n'intéressant ni le public ni les journalistes.

Avant de terminer l'année se tiendra le 1er décembre une réunion de huit heures regroupant George, Paul, Ringo et Yoko. On se divisera alors l'empire Apple dans le Dorchester Hotel de Londres.

Cauchemar à Broadway

L'année 1984 sera pour McCartney celle de nombreuses frustrations et de son pire échec en carrière. Il devra faire face à plusieurs événements malencontreux après avoir passé un hiver dans un luxueux chalet loué dans la ville de Gstaad en Suisse. Dans une série d'articles intitulés *The Real Paul McCartney* et publiés dans le très peu recommandable journal *The Sun*, l'ex-Wings Denny Laine, en collaboration avec Dan Slater, en profitera pour rabrouer son ancien patron. Il y tiendra des propos similaires à ceux tenus par son ex-épouse, Jo-Jo, selon lesquels Linda a manipulé Paul pendant toutes ces années. On n'hésitera pas à qualifier les méthodes de travail de McCartney de dictatoriales. Le portrait que trace Laine sera sombre, parfois incohérent, et représente McCartney comme un monstre. L'ex-Moody Blues clamera n'avoir jamais reçu sa juste part des profits des Wings, tout comme les autres musiciens du défunt groupe par ailleurs. À cela, Paul répondra en 1989: «J'ai des reçus au bureau démontrant qu'au cours des ans, je lui ai versé plus d'un million de livres anglaises. Nommez-moi un seul musicien dans un groupe de cette période qui en a reçu autant. Je sais exactement ce que je lui ai payé, et ce million vaut beaucoup plus aujourd'hui[17].»

De plus, Laine dira que le rapport entre le clan McCartney et la drogue n'en est pas un de consommation mais de dépendance. Linda répondra à cette offense dans un célèbre article de seize pages paru en décembre 1984 dans le magazine *Playboy* où le couple remettra les pendules à l'heure sur plusieurs sujets, dont les Beatles: «Ces attaques font toutes partie d'un même problème. Paul est un musicien si extraordinaire, et personne dans les Wings n'était assez bon pour jouer avec lui. Ils étaient bons, mais pas excellents. Mais avec son film, il aura la chance de faire de la musique avec les meilleurs. En ce qui concerne tout ce que l'on a écrit récemment à notre sujet, c'est de la foutaise… Je comprendrais qu'une ancienne petite amie ou un ancien chauffeur écrivent de telles choses, mais pas un musicien[18].» Paul répondra dans un autre entretien que toutes ces publications ne sont que des ordures et qu'il n'a aucun regret par rapport à son passé. De fait, la famille McCartney ne pardonnera jamais véritablement à Denny d'avoir agi de la sorte, allant même jusqu'à soupçonner que celui-ci ait été sous l'emprise de l'alcool lors de ses confidences. Un livre devant être publié sur le sujet ne verra finalement jamais le jour. Laine sera par la suite exclu de tous les projets futurs remémorant l'époque des Wings; d'ailleurs son nom sera à peine mentionné dans le documentaire *Wingspan* (2001). Aujourd'hui, le guitariste fait partie du groupe hommage The Wings of Love, une façon particulière de revivre l'époque des Wings. Il partage la scène avec Ashlie Rhey (Linda) et Scott Moss (Paul). En plus, il joue dans le groupe The World Classic Rockers. Son ex-femme, Jo-Jo, poursuivra sa campagne de salissage dans le magazine pour adultes *Hustler* (juillet 1985). Cette fois-ci, c'est Linda qui passe dans le tordeur: «Elle n'aimait pas qu'il y ait d'autres femmes autour de Paul. Les femmes des autres musiciens m'ont dit plus tard la même chose: elle était paranoïaque. Pourtant, elle n'était pas la Vierge Marie, car elle couchait avec les musiciens du Fillmore East. Tout le monde à New York sait cela! Une groupie sait en reconnaître une autre, c'est pourquoi Linda les détestait tant. En ce qui concerne Paul, il manipulait Denny[19].» Ces allégations seront suivies d'une multitude d'ouvrages similaires, écrits par l'entourage éloigné de l'ex-Beatles.

Autre mauvaise nouvelle pour l'ex-Beatles, Michael Jackson achètera pour la somme de 47,5 millions de dollars les droits exclusifs sur les chansons des Beatles. Agissant sous les conseils de McCartney qui l'incitait fortement à investir dans les droits de publication, Jackson prendra le maître à son propre jeu. Il l'aura même averti à plusieurs reprises de ses intentions, l'autre faisant la sourde oreille et croyant à une mauvaise blague. À la suite de l'achat, Paul sera furieux de constater que la majorité des profits tirés de ses tubes écrits avec les Beatles iront directement à son nouveau propriétaire. Pourtant, quatre ans auparavant, le même catalogue était à vendre au coût de 20 millions de dollars, mais à ce moment-là, le compositeur de *Hey Jude* avait refusé toute transaction. McCartney se rappellera qu'à l'époque de l'enregistrement de *Say Say Say*, il lui avait fortement conseillé de plonger dans l'édition. «Je croyais que c'était un bon investissement pour un musicien puisqu'il connaît bien sa marchandise. Après quelques semaines, il me dit qu'il va acheter mes chansons. Je crois immédiatement que c'est un canular et je réplique que c'est une bonne blague! Mais les jours ont passé et il tenait constamment le même discours...[20]» Depuis, les deux artistes ne se sont plus reparlé, Paul ayant toutefois songé à le poursuivre devant les tribunaux. Sous quel motif? Pour avoir acheté un catalogue de chansons mis en vente sur le marché libre? Seul McCartney le sait...

Après un silence d'un an sur disque, Paul sera de passage à Los Angeles, New York et Chicago (le 19 octobre au Ritz Carlton) pour faire un peu de promotion. Il y lancera en grande pompe, le

23 octobre 1984, son film *Give my Regards to Broad Street*, fruit de deux ans de travail intensif. Naviguant seul dans cette aventure, McCartney aura presque tout misé sur cette réalisation de Peter Webb. Plus de 311 salles de cinéma accueilleront l'œuvre sur leurs écrans. Mais, quelques jours plus tard, la réaction négative du public forcera les propriétaires à retirer le long métrage de leur programmation. Les revenus tirés du premier week-end de sa sortie ne dépasseront pas les 500 000 $US, une piètre performance par rapport aux neuf millions investis dans le projet. Le marché européen devra attendre jusqu'au 28 novembre avant de recevoir les bobines de ce que les critiques n'hésiteront pas à comparer à un disque de Ringo...

Ainsi, après avoir jonglé dans les années 1970 avec l'idée d'un film tiré du disque *Band on the Run* et d'un autre de science-fiction produit en collaboration avec Gene Roddenberry (*Star Trek*), McCartney se lancera finalement dans l'industrie cinématographique, imitant ainsi son ami George Harrison. Initialement prévu pour la télévision, *Give my Regards to Broad Street* sera allongé pour permettre sa sortie en salle. Le scénario, simpliste et impertinent, sera écrit en grande majorité pendant que l'automobile de Paul se trouvait en plein embouteillage. Cette comédie de fiction racontera les mésaventures de l'ex-Beatles à la recherche des bandes maîtresses de son prochain album. Accompagné par une série d'invités, dont Ringo Starr, Barbara Bach et l'infatigable Linda, il interprétera une multitude de chansons avec plus ou moins de cohérence: «Tout ce que je veux de ce film, c'est que le public ne se sente pas trahi à la sortie de la projection. Selon moi, c'est une comédie légère avec beaucoup de musique enregistrée en direct[21]», dira McCartney.

Toute cette histoire deviendra un cauchemar commercial pour son créateur. Seule consolation pour Paul, Harrison lui aurait dit lors du tournage de son film *Shanghai Surprise* (1986): «C'est un futur désastre. *Broad Street* est un chef-d'œuvre comparé à cela [22]!» Notons que cette production de George, mettant en vedette Madonna et Sean Penn, aura coûté 17 millions de dollars, n'en rapportant au total que 2,5 millions. McCartney dira quelques années plus tard à propos de *Give my Regards to Broad Street*: «Ce n'est pas si mauvais en vidéo. Je reçois des lettres de fans qui me disent avoir vraiment aimé le film. Mais habituellement, ils ont des lunettes aux verres très épais! Les séquences musicales étaient bien, mais le scénario mauvais. Vraiment, nous aurions dû le relire et le réécrire[23].»

Le disque qui accompagnera le film restera fidèle à l'esprit de celui-ci. Pour l'occasion, *No More Lonely Nights* deviendra la chanson-titre; elle commencera le long métrage en tant que ballade et la terminera dans une version très rythmée. Deux ans après sa sortie, elle sera sélectionnée à la cérémonie des Golden Globe et des BAFTA Film Awards dans la catégorie de la meilleure chanson originale tirée d'un film. À l'ère du digital, le 33 tours ne comprendra pas les chansons *So Bad* et *Good Night Princess,* à cause de l'espace limité du format. Elles se retrouveront par contre sur le disque compact et la cassette. Impeccable sur le plan de l'orchestration, l'album a moins souffert des réactions du public que le film dont il s'inspire. Fruit d'un an de travail, il n'obtiendra pas les résultats escomptés. Dans tout ce chaos, la sortie du 45 tours *We all Stand Together* (R 6086), le 12 novembre 1984, passera inaperçue. Cette chanson, qui appuie le film d'animation *Rupert and the Frog Song,* se hissera tout de même à la troisième position après treize semaines sur les palmarès.

Démoralisé, McCartney entamera l'année 1985 avec peu d'enthousiasme. S'il a enregistré dans les mois de septembre et d'octobre précédents trois chansons en compagnie de David Gilmour (Pink Floyd), *We Got Married, I Love This House* et *Lindiana*, il ne se sentira pas encore tout à fait prêt à refaire surface. Les mauvaises nouvelles s'accumuleront alors que la sortie du 45 tours *Ballroom Dancing/Wanderlust* pour appuyer son film n'aura pas lieu à cause du manque d'intérêt du public. Ce n'est donc qu'en mai 1985 qu'il retournera en studio pour enregistrer de nouvelles chansons. Fidèle à l'habitude qu'il a acquise depuis la sortie de *Tug of War*, McCartney fera appel aux meilleurs musiciens de l'industrie pour interpréter ses nouvelles créations. On comptera sur l'appui de Phil Collins (batterie), Pete Townshend (guitare), Rick Marotta (batterie) et Carlos Alomar (guitare), parmi plusieurs autres, pour aider le chanteur à oublier l'échec précédent. Il aura un immense plaisir à jouer avec de tels musiciens et créera une section rythmique incroyable sur la chanson *Angry*, Collins et Townshend appuyant la basse de McCartney. Une version de 20 minutes de la chanson verra le jour après une longue improvisation de deux heures. Évidemment, *Angry* a été réduite à un peu plus de trois minutes au mixage. Jusqu'au mois de mai, douze des treize pièces de *Press to Play* seront terminées, laissant même place à certaines inédites comme *Yvonne*, écrite en collaboration avec Eric Stewart du groupe 10cc. La première rencontre professionnelle entre les deux musiciens remontera à la production de *Tug of War* pour laquelle ce dernier avait assuré une partie des harmonies vocales en compagnie de Linda. Mais c'est vraiment sur *Give my Regards to Broad Street* que sa présence se fera sentir. Ce nouveau partenaire d'écriture cosignera huit des treize chansons apparaissant aujourd'hui sur le disque compact *Press to Play*, et six sur les dix du 33 tours. Il viendra combler le vide laissé par le départ de Denny Laine.

Certaines frictions naîtront en studio lorsque le célèbre Hugh Padgham (The Police, XTC, David Bowie) fera son entrée en tant que coréalisateur de l'album, car Stewart s'attendra à jouer ce rôle étant donné l'étroite complicité qui s'était développée avec McCartney. Ce malentendu minera les séances d'enregistrement et, sans aucun doute, le résultat final. Une chose est certaine, son auteur n'obtiendra pas le résultat espéré. Il reprendra le travail à l'automne de la même année pour finaliser le tout.

Paul prendra quelques semaines de repos avant de recevoir un appel de Bob Geldof, l'organisateur du concert-bénéfice *Live Aid* venant en aide aux victimes de la famine en Éthiopie. Le 13 juillet 1985, pendant plus de 14 heures, défileront simultanément et sur différentes scènes plusieurs artistes dont U2, Phil Collins, INXS, Black Sabbath, Sting, Bryan Ferry, Dire Straits, Bob Dylan, The Pretenders, Elton John, Madonna, Mick Jagger, Tina Turner et les membres restants de Led Zeppelin. Télédiffusé en direct du stade JFK de Philadelphie et du stade Wembley de Londres, l'événement sera regardé par 1,5 milliard de personnes et permettra d'amasser 100 millions de dollars américains. Au téléphone, Geldof demandera à l'ex-Beatles de chanter devant les 70 000 personnes réunies au stade Wembley. Paul refusera tout d'abord l'invitation en prétextant ne pas avoir de groupe prêt pour une telle prestation. Le musicien aurait-il peur de recevoir un accueil plutôt tiède après plusieurs années de sévères critiques? Rien n'arrêtera son interlocuteur qui lui proposera de chanter seul au piano *Let it Be*. McCartney ne pourra tout simplement refuser devant l'ampleur du mouvement et l'implication de ses amis musiciens.

Pour la première fois en carrière, il se produira véritablement seul après le passage remarqué de Freddie Mercury et de son groupe Queen devant une foule gigantesque. Il est 21 h 51, heure de Londres, lorsqu'il arrivera sur une scène trop grande pour lui. Sans personne pour l'épauler, McCartney entamera les premières notes de la chanson sans réaction apparente des spectateurs. Ce sera la catastrophe, son micro est débranché, ajoutant à la pression d'une telle présence sur les planches. Par la suite, ce sera un malencontreux retour de son (*feedback*) qui lui nuira encore plus. Mais le tout s'arrangera rapidement et il terminera l'hymne avec l'appui du public. David Bowie, Pete Townshend, Alison Moyet et Bob Geldof viendront à la toute fin le rejoindre pour entonner le refrain. Mission accomplie, la prestation McCartney restera un des moments forts du *Live Aid*. Le lendemain, anticipant l'éventuelle sortie d'un simple-bénéfice de *Let it Be* sur le marché, il enregistrera en studio quelques pistes de voix pour remplacer les instants troublés par la technique défaillante. Inutilement, puisque ce simple ne verra jamais le jour. Le Live Aid redonnera confiance au chanteur et l'incitera à planifier une tournée mondiale pour la sortie de son album *Press to Play*. Malheureusement, le projet ne sera jamais mené à terme.

En août, McCartney flirtera une autre fois avec l'industrie cinématographique. Il travaillera dans son Rude Studio sur la chanson-titre du prochain film de John Landis (*The Blues Brothers, An American Werewolf in London*) mettant en vedette Chevy Chase (*Fletch, Vacation*) et Dan Aykroyd (*Ghostbusters, Twilight Zone: The Movie*). Un mois plus tard, il remettra la version finale de *Spies like Us* (Parlophone R 6118) aux producteurs grâce à l'aide de Phil Ramone et de Hugh Padgham. Les deux acteurs principaux rejoindront le musicien le 9 octobre pour le tournage d'un vidéo promotionnel, témoignage de cette collaboration. Ce pop/rock bien dosé fera son entrée sur les palmarès le 13 novembre, un mois avant la sortie du long métrage aux États-Unis. Il se hissera à la septième position, une entrée remarquée sur le *top* 10. La face B du 45 tours mettra en valeur la chanson *My Carnival*, enregistrée avec les Wings pendant les sessions de *Venus and Mars*. Ce 45 tours marquera le retour de McCartney chez Capitol, plus de sept ans après la signature avec Columbia pour la distribution de ses disques aux États-Unis. Puis, Paul retournera en studio du 1er octobre au 6 décembre pour terminer l'enregistrement de *Press to Play*. Il y enregistrera les titres *Only Love Remains, Angry* et *Hanglide*. L'idée de former de nouveau les Wings refera surface. Une chose est certaine, il désirera à tout prix reformer un groupe et partir en tournée.

Chapitre VI

Press: le long chemin du retour
(1986-1989)

© Ponopresse/Rex

Linda et Paul dans leur ferme en Écosse au début des années 1980.

Le grand retour de Paul en 1989.

Yoko Ono, Sean Lennon et Paul réunis pour le Rock & Roll Walk of Fame en 1994.

© B. Rasic/Rex/Ponopresse

Le clan McCartney enfin prêt à reprendre la route en 1993.

© Sipa Press/Ponopresse

Paul et Linda à la fin des années 1970, unis malgré toutes les embûches.

© P. Ide/Rex/Ponopresse

Le mariage de Mary, la fille de Linda et Paul, le 26 septembre 1998.

© S. Cardinale/Imapress/Ponopresse

Linda et Paul reçus par Lady Di.

Paul et sa fille Stella.

© R. Schwank/Rex/Ponopresse

Son domaine à Beverly Hills.

© C. Williams/Sipa Press/Ponopresse

Le ranch en Arizona où est décédée Linda.

Paul et sa nouvelle flamme, Heather Mills.

© Rex/Ponopresse

Le château Leslie County Monaghan que Paul a loué pour célébrer son mariage avec Heather Mills, le 11 juin 2002.

© Rex/Ponopresse

Sir Paul et sa femme surpris par un photographe.

L'année 1986 sera très tranquille pour McCartney, se contentant de quelques apparitions en studio et se concentrant sur le mixage de *Press to Play* en janvier et sa sortie en août. Il commencera cependant à se préparer pour une tournée aussi imposante que celle effectuée par les Wings en 1975-1976. Tout ce qui lui manque, c'est un album qui aura la cote auprès du public.

Après avoir travaillé sur quelques chansons au Rude Studio, dont les inédites *Simple as That* et *All Rocked Out*, McCartney tournera avec le réalisateur Philip Davey un vidéo promotionnel pour accompagner la sortie de son prochain disque. Le 16 juin, tout le métro de Londres sera renversé de voir la vedette déambuler en chantant son nouvel extrait radio intitulé *Press* (Parlophone R 6133). Huitième position sur les palmarès, la chanson annoncera déjà la couleur du prochain album. Quelques jours plus tard, McCartney sera de nouveau appelé à chanter pour venir en aide aux plus démunis. Au stade Wembley, il interprétera, le 20 juin, en compagnie d'un supergroupe *Get Back*, *Long Tall Sally* et *I Saw Her Standing There*. Plusieurs autres artistes appuieront le Prince's Trust 10th Anniversary Party, un fonds d'aide aux jeunes sans emploi organisé par le prince Charles. Cette fois-ci, Dire Straits, Elton John, Rod Stewart et Tina Turner feront partie des festivités. Un disque comprenant les meilleurs moments de l'événement sera mis sur le marché un an plus tard, incluant *Get Back* revu et corrigé. McCartney se sentira de plus en plus impliqué dans certaines causes à la suite de deux spectacles-bénéfice qu'il a donnés en l'espace d'un an. S'il avouera à cette époque ne pas être un grand rassembleur, il tiendra au cours des années à parrainer de plus en plus d'organisations dont Amnistie internationale, Greenpeace, People for the Ethical Treatment of Animals (PETA) et Friends of the Earth.

Huit mois après avoir terminé l'enregistrement de *Press to Play*, celui-ci arrivera enfin chez les disquaires le 21 août aux États-Unis et le 1er septembre en Angleterre. Pour plaire à tous, le conflit avec Eric Stewart sera réglé à l'amiable en soulignant sa collaboration spéciale sous les crédits alloués aux deux producteurs. Quant à la présentation, une photo en noir et blanc de Linda et Paul, prise par George Hurrel avec une caméra utilisée à Hollywood dans les années 1930, montrera le nouveau McCartney. Plus rythmé sur *Angry, Move Over Busker* et *Press*, il n'y aura que deux ballades, *Footprints* et *Only Love Remains*. Décidément, *Press to Play* sera un bon album de pop/rock à écouter en automobile. Lorsque le *Rolling Stone Magazine* lui demandera la provenance du côté expérimental des mélodies, son créateur répondra: «La chose la plus amusante, c'est qu'il y a un temps, j'étais le musicien avant-gardiste au sein des Beatles. Je pense surtout à *Sgt. Pepper's*, le disque qui m'a le plus influencé pendant la production de *Press to Play*[1].» De fait, lors des entretiens accordés à la presse, McCartney répondra vaguement aux questions se rapportant à son dernier album, préférant parler de l'époque des Beatles. Les médias ne demanderont pas mieux. Paul ira même jusqu'à dire, dans le communiqué émis à l'intention des journalistes, expliquant la dernière chanson du disque (*However Absurd*): «Ça suggère une finale épique, c'est la raison pour laquelle elle se trouve à la fin de l'album! Je me suis encore demandé si ça ne versait pas trop dans le style Beatles. J'ai résisté pendant un temps, puis je me suis dit "pourquoi pas?". Donnez-moi une seule raison de résister à l'influence des Beatles. Si tout le monde a le droit de le faire, il y a trois autres gars encore vivants qui ont également le droit. J'ai passé le point de comparaison aux Beatles. C'est un style que je connais et que j'aime[2].» D'ailleurs, pendant les deux prochaines années, McCartney fera ressusciter les Beatles à sa manière.

Press to Play constituera-t-il une expérience pénible pour le chanteur? Tout ce que l'on saura, c'est que les plans de la tournée seront reportés et que devant les pires ventes de sa carrière, McCartney se réfugiera en studio. Aucun des trois 45 tours, *Press, Pretty Little Head* (Parlophone R 6145) et *Only Love Remains* (Parlophone R 6145) ne réussira à franchir le *top* 10. En Angleterre, l'album ne se taillera une place sur les palmarès que pendant six semaines, à peine le temps d'atteindre la huitième position. Les critiques, quant à elles, seront sévères, incitant le chanteur à refaire ses devoirs. Au lieu de se réinventer, McCartney fera un retour aux sources.

Retour en arrière

Pour faire suite à l'accueil de son dernier album, McCartney travaillera en août quelques jours au Rude Studio et composera les chansons *Spanish Hop, Latin Walk, Without Permission*, encore inédites. Il y préparera également pour le 24 septembre, date d'anniversaire de son épouse, une nouvelle chanson simplement intitulée *Linda*. Un seul exemplaire sera gravé des deux versions existantes. Tranquillement, il composera également de nouveaux titres dans le but d'en faire un album provisoirement intitulé *Return to Pepperland*, véritable voyage dans l'univers des Beatles. Le concept était fort simple: recréer vingt ans plus tard le son de l'album *Sgt. Pepper's Lonely Hearts Club Band*. Pour ce faire, il se rendra à New York rejoindre Phil Ramone et les musiciens de Billy Joel, le temps d'enregistrer deux nouvelles chansons, *Beautiful Night* et *The Loveliest Thing*. Cette collaboration sera fructueuse puisqu'elle permettra la création de seize chansons au total. Puis, une rencontre avec Peter Gabriel permettra l'éclosion de *Politic's of Love*, une chanson interprétée par ce dernier en décembre de la même année.

C'est en 1987 que McCartney décidera de reprendre la route qu'il avait laissée après l'unique véritable tournée mondiale des Wings. Le désir de former un groupe étant de plus en plus grand, il se mettra à la recherche de nouveaux musiciens. À la fin de l'année, il aura l'équivalent de deux albums nouvellement enregistrés et commencera à organiser son plus long périple en carrière en compagnie de ses nouveaux collègues. Après avoir travaillé sur les chansons *This One, Love Come Tumbling Down, Atlantic Ocean* et *Love Mix*, Paul téléphonera à Elvis Costello pour lui proposer d'écrire en partenariat. Connu pour ses albums *Trust, This Year's Model* et *My Aim Is True*, ce dernier acceptera avec empressement l'invitation. *Back on my Feet* sera leur première collaboration. Toutefois, les deux musiciens attendront avant d'annoncer publiquement qu'ils travaillent ensemble: «Au début, nous nous étions promis de n'en parler à personne, de peur que ça ne marche pas et que nous passions pour des idiots[3]», dira par la suite McCartney. *Veronica* et *Pads, Paws and Claws* apparaîtront par la suite sur l'album *Spike* de Costello. Les deux acolytes travailleront ensemble sur ce qui deviendra l'album *Flowers in the Dirt*.

Mais avant que le duo poursuive sa collaboration à la fin de l'été 1987, McCartney se penchera sur la création d'un autre album. Du 2 au 30 juin, il terminera la tâche entamée un an auparavant avec les musiciens de Billy Joel. L'idée de *Return to Pepperland* reprendra forme avec l'enregistrement de la chanson-titre, *Once Upon a Long Ago, P. S. Love Me Do* et d'une reprise de *Sgt. Pepper's Lonely Hearts Club Band*, offerte le 6 juillet à l'animateur radio Alan Freeman pour son soixantième anniversaire. Déjà, il pensera à la sortie d'un nouvel album en lançant sur le marché en septembre le 45 tours *Return to Pepperland/Love Come Tumbling Down*. Avec Phil Ramone derrière la console, tout sera prêt pour partager avec le public ce retour en arrière. La compagnie de disques ne verra cependant pas les choses de la même manière et refusera de sortir le nouveau disque, préférant une nouvelle compilation de ses succès. Malgré tout, seize chansons originales seront prêtes à être enregistrées pour une sortie éventuelle, mais seules *We Got Married* et *This One* échapperont à la censure et se tailleront une place sur le prochain album. Si certaines chansons resteront l'objet de collections pirates, *Lindiana, Squid, Big Day,* d'autres seront recyclées sur certaines faces B (*Loveliest Thing, P. S. Love Me Do*). McCartney attendra en 1995, lors de l'émission radio *Oobu Joobu,* pour faire entendre *I Love This House, Atlantic Ocean, Love Mix* tirées de ces sessions. Mais la volonté de l'ex-Beatles de revisiter son passé ne s'arrêtera pas là...

Au printemps, Paul trouvera de nouveaux musiciens dans le but avoué de former un nouveau groupe. Le premier à le rejoindre sera le jeune batteur de vingt-huit ans Chris Whitten (Julian Cope, The Waterboys). Dans le sud de Londres, Paul tiendra pour l'occasion des sessions d'improvisation avec différents invités. Pendant un après-midi complet, on demandera aux candidats de jouer des pièces tirées du répertoire musical des années 1950. Par la suite, Whitten sera rappelé pour une séance supplémentaire en compagnie de Nicky Hopkins (piano), Trevor Horn (basse) et McCartney. Rapidement, ses services seront retenus en même temps que ceux de Mik Green (guitare) et Mick Gallagher (piano) pour l'enregistrement, le 20 juillet 1987, de chansons de Little Richard, Sam Cooke, Eddie Cochran et Fats Domino. En une seule journée, dix-huit morceaux seront mis sur bande en une ou deux prises. Une autre session tenue le lendemain en compagnie de Henry Spinetti (batterie), Mick Gallagher (claviers) et Nick Garvey (basse) permettront à McCartney d'avoir au total plus de vingt-cinq enregistrements de classiques du rock'n'roll. Il ne pourra s'empêcher d'inclure la chanson *I Saw Her Standing There* parmi les œuvres sélectionnées. Le chanteur deviendra de plus en plus nostalgique; car, après les Beatles, ce seront ses idoles de jeunesse qu'il revisitera pendant l'année. Paul décidera de sortir les chansons de façon peu conventionnelle, idéalement en le faisant passer pour un disque russe illégalement vendu en Angleterre. Ses intentions seront claires: pirater son propre album! Encore une fois, la carte du canular. Toutefois, son nouveau gérant, Richard Ogden, rejettera la proposition. Vraiment, la collection de succès prime d'abord et avant tout pour la compagnie de disques. Mais l'idée refera surface quelques mois plus tard.

Tout en préparant l'album *All the Best*, Paul poursuivra son travail à l'été et à l'automne. En effet, en août, un autre montage de l'attendu *Cold Cuts* aura lieu tandis que Costello et McCartney se remettront à écrire ensemble. En un mois, ils composeront *My Brave Face, Don't Be Careless Love, That Day Is Done* et *You Want Her too*, tous sur l'album *Flowers in the Dirt*. Le nouvel album ne sortira que deux ans plus tard. Au Rude Studio, Paul enregistrera pendant la même période les chansons *The Lovers That Never Were, Good Sign, Distractions* et *Pick it Up*. McCartney poursuivra ses recherches pour trouver des musiciens assez solides pour constituer un groupe, sans succès toutefois. C'est à l'automne qu'il intensifiera ses efforts et laissera pour une des rares fois Linda seule en studio en compagnie du réalisateur Ian Maidman. Le 21 octobre, tous deux travailleront en compagnie de Mick Bolton (claviers) et Geoffrey Richardson (mandoline) et Steve Fletcher (voix) sur trois chansons, dont deux verront le jour onze ans plus tard sur l'album posthume *Wide Prairie*. Linda chantera pour l'occasion *Endless Days, Poison Ivy* et *Love's Full Glory*. Pendant ce temps, Paul en profitera pour dîner en compagnie de George et Ringo dans un restaurant de St. John's Wood avant de terminer la soirée en leur compagnie à son domicile de Cavendish Avenue.

Retour vers le futur

La pression se fait de plus en plus forte sur les épaules de McCartney à l'automne 1987. Rien ne va plus pour celui qui, en l'espace d'un an, verra deux de ses albums rejetés par la compagnie de disques. Le 17 novembre, il se contentera de sortir aux États-Unis *All the Best*, une compilation dont dix des douze chansons de l'album *Wings Greatest* s'y retrouveront. Seulement quatre chansons enrengistrées pendant les sept dernières années seront sélectionnées, soit *Ebony and Ivory, No More Lonely Nights, Say Say Say, Coming up*, soulignant le manque de popularité du chanteur depuis 1980. Même le nouveau simple *Once Upon a Long Ago*, sorti seulement en Angleterre, réussira à peine une courte entrée au *top* 10. De surcroît, George Harrison fera un retour remarqué en octobre avec la chanson *Got my Mind Set on You*, devenant ainsi le Beatles le plus populaire auprès du public. Son album *Cloud Nine*, réalisé en compagnie de Jeff Lynne, inclura également le tube *When We Was Fab* — Ringo participera au tournage du vidéoclip —, un effort respectable sur les palmarès. Relégué au second plan, Paul voudra coûte que coûte faire un retour remarqué pour faire oublier ses récents échecs.

En décembre, un certain Hamish Stuart (des formations Dream Police et Average White Band) se rendra au studio de Paul dans le Sussex où se trouvent le nouveau batteur Chris Whitten et le claviériste Nicky Hopkins. Le guitariste écrira en collaboration avec McCartney la chanson *The First Stone*, future face B du 45 tours *This One*, et se fera inviter à poursuivre le travail en studio, dans le but de partir en tournée par la suite. Évidemment, il acceptera l'offre et accompagnera le clan McCartney jusqu'en 1995. Deux autres collègues, Robbie McIntosh et Paul «Wix» Wicken, viendront les rejoindre. En effet, à la suite des recommandations de Chrissie Hynde, chanteuse des Pretenders, Wicken sera amené à rencontrer Paul. Quant à McIntosh, épuisé par les longues tournées, il quittera Hynde et compagnie au milieu de la tournée *Get Close* de 1987. Immédiatement, le gérant de l'ex-Beatles prendra contact avec lui. S'il refusera tout d'abord gentiment de se joindre à l'équipe pour travailler avec Sylvia Griffin et George Harrison, il fera partie de l'équipe de McCartney après quelques séances en studio en mai 1988. McCartney éprouvera de la difficulté à trouver un bon guitariste: «C'est difficile de nos jours d'en rencontrer un, surtout si vous avez déjà vu Jimi Hendrix en concert... Je ne crois pas qu'il existe quelqu'un d'aussi extraordinaire que lui, mais le style de Robbie me plaît. Pendant certaines soirées d'improvisation, j'ai joué avec d'excellents musiciens dont Johnny Marr. Je dois admettre que j'ai été longuement tenté de l'embaucher, pour son image et son attitude sur scène. Mais je cherchais quelqu'un qui pourrait jouer du vieux matériel lorsque j'ai entendu Robbie MacIntosh. C'est un fan des Beatles et il connaît certaines chansons mieux que moi. À propos d'Hamish Stuart, je suis tout de suite tombé sous le charme de sa voix. Il joue également des solos extraordinaires à la guitare et peut me remplacer à la basse[4].» Par la suite, Whitten recommandera le claviériste Paul Wickens (Chris Thompson & The Islands) pour compléter la formation. Le nouveau venu devra annuler plusieurs tournées avec d'autres artistes pour répondre aux exigences de McCartney. Un choix qu'il ne regrettera pas. On pensera déjà à certains noms pour le groupe, allant de Paul McCartney's Think Tank à Game Plan. Mais le maître d'œuvre décidera finalement de ne pas lui accoler de nom. Pas question donc de reformer les Wings.

Le mois de décembre 1987 se terminera avec d'autres enregistrements pour le prochain disque, *Où est le soleil?, Figure of Eight, Rough Ride* et *How Many People,* et une autre en collaboration, *So Like Candy*, qui se retrouvera sur l'album de Costello intitulé *Mighty Like Rose* (1991). Quelques jours avant Noël, McCartney recevra un cadeau inusité de son gérant: quelques exemplaires maison d'un album constitué des reprises de grands succès du rock enregistrés l'été précédent. Du disque à la pochette, les inscriptions seront en russe, comme l'avait souhaité Paul. Surpris, il aura la réflexion suivante: «Reagan et Gorbatchev commençaient à bien s'entendre, et comme tout le monde, j'ai pensé que c'était encourageant. L'idée m'est alors venue de sortir cet album en Russie seulement. Nous pouvions le faire en tant que simple geste amical[5].» Pendant que McCartney voyagera en Italie, Richard Ogden se rendra en URSS pour rencontrer les représentants de Melodyia (une compagnie de disques détenant 99 % du marché). Une licence de 400 000 exemplaires sera accordée par le gérant, faisant de *Choba B CCCP* (traduction libre: *Again in the U.S.S.R.*) le disque numéro un sur les palmarès soviétiques. En vente dès le 1er octobre 1988 pour la modique somme de 4 roubles (6,60 $US), il se vendra l'équivalent de 885 $ en Angleterre et 250 $ aux États-Unis. Étonnamment, les critiques vanteront les mérites de ces reprises captées en moins de deux jours. Pour promouvoir le deuxième pressage du disque, l'émission *Granny's Chest* de la BBC Russian Service permettra au chanteur de discuter au téléphone avec ses fans russes. Environ 35 millions d'entre eux étaient au rendez-vous. Trois ans plus tard, McCartney sortira le disque à l'échelle internationale.

Pour une première fois depuis plusieurs années, l'artiste se retirera du marché pendant les dix-sept mois suivants, après une tournée de promotion pour la sortie de *All the Best*. Il tentera de se faire oublier, prenant de nombreuses vacances et travaillant quelque peu en studio. Malheureusement, Paul ne mettra pas ses différends de côté avec les autres Beatles lors de l'intronisation du groupe, le 20 janvier 1988, au Rock'n'Roll Hall of Fame. Dans un communiqué expliquant sa décision, il expliquera: «J'étais enclin à y aller pour ramasser le trophée, mais après 20 ans, les Beatles ont encore des différends en affaires. J'espérais que ceux-ci soient enfin réglés avant la cérémonie. Mais ils ne le sont pas et je me sentirais hypocrite de saluer et de sourire en leur compagnie lors de cette fausse réunion[6].» Cette situation laissera Ringo Starr, Yoko Ono, Sean Lennon, Julian Lennon et George Harrison seuls sur scène. Ce dernier sera chargé de s'adresser aux gens de l'industrie présents pour l'évément et soulignera que c'est Paul qui avait le discours dans ses poches. L'absence de McCartney sera mal perçue par les fans, espérant toujours un rassemblement des membres restants du quatuor de Liverpool.

Au printemps, Linda enregistrera deux chansons au studio Hog Hill de Sussex, *Cow* et *The White Coated Man*, tandis que Paul collaborera avec Johnny Cash, en mai, pour l'enregistrement de *New Moon Over Jamaica* que l'on retrouvera sur le disque de Cash intitulé *Water From the Wells of Home*. En avril et mai, Paul se rendra dans le Sussex au Barn at the Mill pour pratiquer avec son groupe quelques chansons inusitées et de nombreux classiques en vue de la prochaine tournée. À l'été, il gravera une dizaine de chansons dont *The First Stone, Flying to my Home, Put it There, This One, Distractions, Same Love, Don't Break the Promises, Indigo Moon* et *We Got Married* (avec David Gilmour de Pink Floyd). En août, il s'enfermera encore au Rude Studio pour de nombreuses séances d'improvisation, dont une avec son fils James. On ne saura pas ce qu'il est advenu des chansons *Mambo Me Baby, Grand Entrance, So Long Blackie, Current Affairs, Come Back* et *Weird Drama Operator* tirées de ces sessions. Seule *Motor of Love* se frayera un chemin.

Des fleurs, encore des fleurs

À la surprise générale, McCartney sortira le 5 juin 1989 son meilleur album depuis des lustres. *Flowers in the Dirt* arrivera chez les disquaires un mois après l'arrivée dans les radios de la chanson *My Brave Face*, une collaboration McCartney/Mac Manus (Elvis Costello) qui atteindra la 18e position sur les palmarès britanniques. Les treize chansons de l'album formeront un tout relativement homogène qui plaira aux critiques. Mais pour s'assurer que le public n'a pas oublié qu'il était un des trois Beatles, le vidéo promotionnel tourné les 10 et 11 avril de la même année au Strawberry Fields de Liverpool présentera des images du groupe achetées à l'encan Sotheby's en 1986. Enfin, ses nouveaux musiciens, Robbie McIntosh (guitare), Hamish Stuart (guitare), Paul «Wix» Wickens (claviers) et Chris Whitten (batterie) seront à ce moment présentés. À la fin de l'année, *Flowers in the Dirt* s'écoulera à 600 000 exemplaires aux États-Unis, 400 000 de moins qu'en Europe. Ces chiffres ne seront pas ceux attendus par le clan McCartney, décidé à partir en tournée pour promouvoir la sortie de l'album. Depuis quelques mois déjà, Paul mettait en place, à son domicile de East Sussex, son prochain spectacle.

Du 24 au 27 juillet se tiendront deux répétitions générales au Playhouse Theater de Londres en vue de la tournée mondiale devant s'amorcer le 26 septembre suivant. L'amphithéâtre de 200 places accueillera des membres du Fun Club et les employés de EMI. Dix-huit chansons seront interprétées pour donner un avant-goût de la prochaine tournée. Le lendemain, on en profitera pour annoncer à la presse les dates des concerts donnés en Europe. Devant les journalistes, McCartney et sa bande interpréteront trois chansons, *Coming Up, Twenty Flight Rock* et *This One* avant de retourner sur scène pour une séance de répétition. Par la suite, Paul prendra des vacances en Écosse et en profitera pour enregistrer quelques démos, puis retournera à New York le 20 août. Il choisira le Lyceum Theatre pour réunir à nouveau son groupe en vue de la tournée. Encore une fois, il se contentera d'une courte liste de chansons, allant de *Jet* à *Let it Be* en passant par *Ain't That a Shame.* On invitera les médias américains de la même manière qu'en Angleterre, afin qu'ils incitent le public à se procurer les billets mis en vente le 28 août suivant.

Mais c'est du 4 au 21 septembre 1989 que l'on terminera au studio 6 du Goldcrest Elstree Studios les derniers préparatifs de la tournée mondiale. On nous promettra alors la totale avec plus d'une centaine d'employés qui veilleront pendant plus d'un an au succès des opérations. McCartney misera sur des éclairages abondants et une scène qui n'aura rien à envier à celle utilisée par les Wings en 1975-1976. Encore une fois, on fera appel pour la prise de son aux services de la firme texane Showco Inc., la même ayant participé à la tournée effectuée treize ans auparavant. Un magnifique programme de 100 pages sera également remis gratuitement aux détenteurs de billets, et ce, dès leur entrée dans l'amphithéâtre. Coût du programme: pas moins de 1 million de dollars américains en frais d'impression. De plus, Paul produira lui-même un montage de 12 chansons à mettre en sourdine en attendant son entrée sur scène. Ainsi, les spectateurs entendront *Flamingo* (Duke Ellington), *After You've Gone* (Django Reinhardt), *Is it Love?* (Daniel Lentz), *Où est le soleil?* (Paul McCartney) et *Slaughter on Tenth Avenue* (Jimmy Smith). Un film de 11 minutes, retraçant les grands moments de la carrière de Paul, servira d'introduction aux concerts. Lors de l'essayage des costumes le 21 septembre, 750 spectateurs assisteront à ce qui deviendra la dernière séance de répétition. Deux jours plus tard, l'équipement de tournée quittera l'Angleterre pour la Norvège, lieu de la première représentation du *The Paul McCartney World Tour*. Au total, vingt-huit concerts seront donnés en Europe, quarante-huit en Amérique, vingt en Angleterre et six en Asie.

Les techniciens qui accompagnent Paul et Linda pendant leur périple devront suivre une diète végétarienne, ce qui occasionnera quelques grincements de dents. (Prônant une nutrition saine et sans viande, le couple avait adopté un tel régime alimentaire au milieu des années 1970.) Les McCartney ne toléreront aucune viande sur les lieux de production et inciteront même les journalistes à laisser leur veste de cuir au vestiaire. Au cours des années à venir, d'autres restrictions du genre seront exigées.

La tournée mondiale de McCartney sera un des grands événements rock de la décennie à venir. Elle pavera de nouveau le chemin de la gloire tant attendu depuis près de dix ans. L'ex-Beatles marquera son retour avec des musiciens de calibre, un album accepté par les critiques et une série de trente chansons populaires auprès du grand public. S'il dira lors de la conférence de presse tenue à Londres le 27 juillet précédent[7] que son groupe est assez bon pour changer chaque soir la liste des chansons interprétées sur scène, celle-ci se répétera malgré tout pour l'ensemble des représentations. Peu importe, le public sera ravi d'entendre près d'une vingtaine de chansons des Beatles dont *Got to Get You Into my Life, The Long and Winding Road, Can't Buy Me Love, Eleanor Rigby, Hey Jude, Yesterday, Get Back* et le medley *Golden Slumbers/Carry That Weight/The End* tiré de l'album

Abbey Road. Seulement douze pièces seront tirées du répertoire solo de McCartney, dont six de l'album *Flowers in the Dirt* (*Figure of Eight* en guise d'ouverture). «Nous nous devions de commencer le spectacle avec une nouvelle chanson. Au départ, nous avions pensé à *I Saw Her Standing There*. Mais l'idée ne me plaisait pas du tout. En me rendant à la maison un soir, je me suis dit: "C'est vraiment trahir notre travail récent que d'agir de la sorte, le reléguant au second plan." Un peu comme si je disais au public: "Je n'ai rien fait depuis les treize dernières années, voici donc les chansons des Beatles." Je ne pouvais pas faire ça[8]», dira-t-il en entrevue. L'attitude du chanteur changera cependant alors que les deux tournées subséquentes s'ouvriront avec *Drive my Car* (*New World Tour* - 1993) et *Hello Goodbye* (*Driving USA Tour* - 2002) des Beatles.

Les 5 700 fans réunis pour le premier concert tenu le 26 septembre 1989 à Drammen en Norvège subiront les désagréments d'une première, puisqu'ils ne pourront visionner le moyen métrage de Richard Lester et devront subir quelques erreurs techniques. Ils verront sur scène le Beatles Paul et non le membre des Wings des années 1970, moins rock et plus nostalgique. Sortant des limbes sa légendaire basse Hofner Violin et une basse à cinq cordes, il ne prendra que rarement sa Rickenbacker 4001 pour chanter les grands succès des années 1960. Après sa prestation de plus de deux heures trente, Paul ira se reposer avec satisfaction au Grand Hotel d'Oslo. Pas de doute, il a un excellent spectacle entre les mains. Le lendemain à 13 h, à bord du vol SK 889[9], il partira pour la Suède. D'ailleurs, Paul vivra sur la route pendant les dix prochains mois, parcourant quelque 161 463 kilomètres jusqu'au 29 juillet 1990. Dans 13 pays, 2 843 297 fans de toutes les générations l'applaudiront avec un enthousiasme rare. C'est sans aucun doute ce qui le poussera à enregistrer toutes ses performances, y compris les répétitions et les vérifications du son effectuées avant chaque soir. Tout ceci dans le but d'en faire éventuellement un album double, témoignage vital de la tournée. De nouvelles chansons et interprétations, dont *All my Trials, Don't Let the Sun Catch You Crying, Together, Sally*, verront le jour lors de ces vérifications de son, ajoutant un élément de plus à la frénésie du moment. Une équipe de tournage sera également dépêchée sur les lieux pour immortaliser la tournée sur pellicule. Devant le succès de sa tournée, McCartney se verra dans l'obligation d'ajouter de nombreuses supplémentaires pour répondre à la demande. À Paris, une quatrième prestation devait être ajoutée le 12 octobre, sans succès toutefois. Les médias seront également assoiffés d'informations, poussant la tenue de nombreuses conférences de presse avant certains concerts. Pour plusieurs, il s'agira d'une occasion unique de rencontrer le chanteur. De telles rencontres rappelleront celles qu'avaient tenues les Beatles lors de leur première série de spectacles en Amérique.

Après s'être arrêté au Palais Omnisports de Bercy (Paris), au Olympiahalle de Munich (Allemagne), au Palatrussardi de Milan et au Ahoy Sportspaleis de Rotterdam (Hollande) où il apprendra qu'un accord était enfin survenu entre Apple et Capitol, Paul fera une pause d'une semaine en Angleterre. Reposé, il s'embarquera enfin pour l'Amérique après une absence sur scène de treize ans. Son gérant Richard Ogden et les musiciens Robbie McIntosh, Chris Whitten, Paul «Wix» Wickens quitteront, le 20 novembre à 12 h 30, le terminal 4 de l'aéroport de Heathrow sur le vol BA 283 en direction de Los Angeles. Ils se rendront le lendemain aux Culver Studios pour deux séances de répétitions avant les cinq concerts donnés dès le 23 novembre au Forum de Los Angeles. D'une capacité de 15 500 spectateurs, l'amphithéâtre présentera un McCartney à son zénith, se fiant uniquement au répertoire chanté lors de la tournée européenne. Ce passage remarqué fera la manchette des journaux dans le but avoué de vendre plus de disques; il fera même appel à Stevie Wonder pour l'interprétation de *Ebony and Ivory* lors du concert du 27 novembre. Lors de la conférence de presse donnée le jour même, Paul annoncera que ses concerts en Amérique seront commandités par la compagnie de cartes de crédit VISA. En échange du versement de la modique somme de 8,5 millions de dollars américains, l'entreprise demandera au musicien de se consacrer au tournage d'une annonce publicitaire, diffusée en grande première le 14 janvier 1990. McCartney justifiera une telle opération commerciale par le fait qu'elle permettra de couvrir les coûts de transport de l'équipement de tournée. Profitant de l'occasion, McCartney émettra également la possibilité de composer dans un futur rapproché avec George Harrison. Ce dernier ripostera dans les jours suivants en disant que le Beatles Paul avait eu toutes les chances de travailler avec lui il y a plus de vingt ans.

La première tournée en Amérique du Nord sera relativement courte, ne se rendant que dans cinq villes et totalisant quatorze représentations. Les deux seuls arrêts canadiens se feront à Toronto (le 7 décembre) et à Montréal (le 9 décembre) où les 12 000 sièges du Forum ont trouvé preneur en moins de vingt minutes après la mise en vente des billets. Un succès malgré la venue des Rolling Stones au Stade olympique les 13 et 14 décembre de la même année. Jamais le portefeuille des fans n'aura été autant «sollicité» pendant une si courte période. Une supplémentaire pour le 8 décembre a été envisagée devant cette ruée aux guichets, sans succès toutefois, l'équipe préférant jouir d'une journée de congé entre les deux destinations. Selon la compagnie de disques EMI, les fans de McCartney sont nombreux au Québec par rapport à sa population, surclassant de loin les autres provinces du Canada en matière de ventes.

Lorsque l'avion du groupe se posera à l'aéroport de Dorval le vendredi 8 décembre vers 16 h 13, la ville se remettait à peine de l'affreuse tuerie survenue le 6 décembre à l'École olytechnique et qui a fait quartoze victimes, toutes des femmes. Malgré le froid et les récents événements, une certaine frénésie envahira la ville, visitée pour la dernière fois par Paul en 1964. Dès leur arrivée, les musiciens et McCartney se rendront à l'hôtel Le Quatre Saisons (aujourd'hui l'hôtel Omni) tandis que l'équipe de tournée logera au Ramada Renaissance du Parc. Les membres de l'équipe de sécurité seront déjà en place dans le but d'assurer le bon déroulement des opérations. Neuf ans après l'assassinat de Lennon, rien ne sera laissé au hasard pour assurer sa protection, surtout en prévision de la conférence de presse qui aura lieu le lendemain.

Paul sera détendu et d'excellente humeur lorsqu'il franchira les portes du Forum de Montréal, allant même jusqu'à débarquer de sa limousine pour saluer le préposé à l'entrée. Sylvie Brunetta, à l'époque responsable des relations publiques chez les Productions Donald K. Donald, l'accueillera dès son arrivée dans les murs de l'amphithéâtre. Toujours accompagné de Linda, le chanteur lui présentera ses enfants et demandera quelques disques pour les divertir: «La première chose qu'il m'a dite, c'est que j'avais une belle blouse! Il a été très sympathique et étonnamment accessible tout au long des heures que nous avons passées ensemble en prévision de la conférence de presse donnée au restaurant Mise au Jeu du Forum. Je me rappelle très bien que les gens du service de production sont allés au magasin de disques HMV situé dans l'édifice adjacent dans le but d'acheter des disques pour ses enfants[10]», dira treize ans plus tard l'attachée de presse.

Une courte réunion avec Geoff Baker, le responsable des relations publiques de la tournée, permettra la tenue d'une rencontre de soixante minutes avec des journalistes venus d'un peu partout. Pas plus de 50 personnes seront acceptées dans l'endroit réservé pour l'occasion. Une nervosité palpable et un silence complet régneront parmi les médias, constitués pour la plupart de fans de McCartney. Les questions abonderont sur son retour en sol montréalais et sur l'attentat perpétré trois jours auparavant. Organisatrice de l'événement, Sylvie Brunetta racontera: «Paul et moi avons beaucoup parlé du contrôle des armes. Il pensait que nos lois en matière d'armes à feu étaient similaires à celles en vigueur aux États-Unis. Après la conférence, il m'a demandé si c'était une bonne idée de dédier une chanson aux victimes de la tuerie lors du spectacle. Je lui ai répondu par la négative étant donné les circonstances. Cette journée, je m'en rappellerai toute ma vie. Ça faisait partie de mes rêves les plus fous. J'ai même passé mes mains dans ses cheveux tellement il était *my pal Paul*, et non la vedette internationale que l'on voit sur scène. J'ai été impressionnée par sa simplicité, un véritable moment magique[11].» Se doutant fort bien que la présence de McCartney serait une des dernières au Québec, les journalistes fans se rueront devant leur idole dans le but d'obtenir un précieux autographe. Même Céline Dion ne pourra y résister et rencontrera l'artiste à l'arrière-scène pour une photo souvenir.

Le soir du concert, si les 58 000 spectateurs réunis deux jours auparavant au Skydome de Toronto ont impressionné le groupe, c'est au Québec qu'ils seront le mieux accueillis, dira le guitariste Hamish Stuart: «Montréal était incroyable. Nous venions de jouer dans de gros arénas de hockey et nous étions soudainement plongés dans celui du Canadien de Montréal. Tout semblait si petit. L'atmosphère était incroyable, une soirée inoubliable marquée par une tragédie qui s'était déroulée depuis peu. Toute la ville en était affectée et ce concert était une célébration. Nous sommes arrivés à un moment où il faisait très froid mais accueillis par un des publics des plus chaleureux[12].» Le lendemain, la presse écrira de façon unanime: McCartney a réussi son retour. Immédiatement, les productions Donald K. Donald travailleront sur un autre concert du chanteur, cette fois-ci le 18 juillet au gigantesque Stade olympique où le groupe Pink Floyd a réalisé ses meilleures prestations. Mais la vente des billets décevra, obligeant les producteurs à se retirer et à annuler l'événement. Par chance, le concert du Forum sera dûment filmé et enregistré. On décidera d'inclure sur le disque double *Tripping the Live Fantastic* les interprétations de *I Saw Her Standing There* et *Don't Let the Sun Catch You Crying* et sur un maxi-simple intitulé *Birthday,* celle de *Good Day Sunshine*, les seuls documents audio de cette soirée ayant fait leur apparition sur le marché. On peut également en voir des extraits dans le film *Get Back* où les chansons *Got To Get You Into my Life, The Fool on the Hill, Eleanor Rigby, Hey Jude* ont été captées sur la scène montréalaise. Soulignons que le vidéo de Richard Lester a également été tourné à Philadelphie, à Rotterdam, à Hamburg, à Toronto, à Zurich, à Birmingham, à Los Angeles et à Chicago. Le lendemain du concert au Québec, Paul quittera la ville à 12 h 15 pour une dernière série de quatre représentations au Madison Square Garden de New York. Environ 60 000 fans l'applaudiront pendant cet arrêt immortalisé par de nombreux enregistrements pirates toujours en circulation. Le 16 décembre à l'aéroport JFK, McIntosh, Whitten, Wickens et les McCartney quitteront New York pour se rendre à Londres en attendant la prochaine série de concerts tandis qu'Hamish Stuart se rendra à Los Angeles jusqu'au 31 décembre.

Toujours sur la route

Infatigable, McCartney profitera de ses deux semaines de vacances pour enregistrer, du 18 au 24 décembre, la bande musicale du film *Daumier's Law* (1992) en compagnie de l'ingénieur de son Matt Butler[13]. Cette période de travail au Hog Hill Studio dans le Sussex nuira aux prestations de janvier 1980, sans aucun doute les plus épuisantes en carrière. Six concerts donnés du 2 au 9 janvier dans la ville de Birmingham (69 696 billets) et les onze autres du 11 au 26 janvier au Wembley Arena (121 000 billets) auront raison de la santé du musicien de 47 ans. À son arrivée dans la ville de Detroit le 1er février, Paul aura la voix enrouée et devra retarder quelques concerts et en raccourcir d'autres, mettant de côté les *Got To Get You Into my Life, Let'Em in, Band on the Run, Maybe I'm Amazed, Ain't That a Shame* et *Twenty Flight Rock* de son répertoire. Lors de son dernier concert aux États-Unis, il réussira difficilement à chanter *Sgt. Pepper's Lonely Hearts Club Band.* Pas question cependant de retourner en Angleterre pour McCartney puisqu'on lui remettra le 21 février suivant le Lifetime Achievement Award lors de la 32e remise des Grammy Awards tenue au Shrine Auditorium de Los Angeles.

Un peu plus de dix ans après son arrestation pour possession de drogues, McCartney débarquera au Japon pour une série de six concerts au Tokyo Dome, un amphithéâtre de 43 500 places. Étrangement, les concerts seront un peu plus courts et débuteront très tôt, soit à 18 h 30. Cette fois-ci, les douanes n'arrêteront pas l'ex-Beatles qui pourra se rendre sans problème au Okura Hotel. Rappelons que Paul n'avait pas pu mettre les pieds sur une scène japonaise depuis 1966. La conférence de presse tenue pour l'occasion sera tellement imposante qu'elle se déroulera au MZA Ariake Theatre de Tokyo devant plus de 950 journalistes. Paul pourra en toute quiétude faire son retour en Asie et pensera même à un détour par la Chine. Malheureusement, il ne se rendra jamais à Pékin.

Après un retour aux États-Unis dans les villes de Seattle, de Berkeley, de Tampa et de Miami, la tournée se prolongera en Amérique latine au stade Maracana de Rio de Janeiro (au Brésil). Les deux concerts qui y seront donnés relèveront de l'exploit. Le premier soir, quelque 132 000 fans accueilleront McCartney, un record en carrière. Mais le 21 avril, un record mondial sera établi avec 184 000 spectateurs réunis pour un spectacle, après qu'une tempête tropicale a menacé la région. Le guitariste Robbie McIntosh en gardera un souvenir précis: «Rio m'a frappé sur le plan émotionnel. Je crois que j'ai été pris dans cette hystérie de masse et j'ai sympathisé avec le public à cause de l'oppression et de la pauvreté dont il est victime[14].» Lors de son séjour au Brésil, Paul et Linda en profiteront pour discuter avec les médias réunis des différents enjeux environnementaux.

De retour en Angleterre pour une pause de deux mois, McCartney en profitera pour écouter au A.I.R. Studio les bandes enregistrées en tournée. La date limite pour enregistrer un album tiré des récents concerts donnés se rapprochant, de nombreux efforts seront déployés pour rendre le projet viable. La seule véritable sortie publique de Paul se fera le 13 juin à l'émission *The Steven Wright Show* à la BBC Radio One. À l'aide de sa guitare acoustique, il chantera *Matchbox* et *Blackbird*, deux titres ne faisant pas partie de son dernier disque. Les concerts reprendront le 23 juin en Angleterre avec un arrêt à Liverpool cinq jours plus tard. Ce retour au bercail — McCartney est né dans cette ville — donnera l'occasion au musicien de chanter un pot-pourri en hommage à Lennon constitué de *Strawberry Fields Forever/Help!/Give*

Peace a Chance. La réaction du public sera énorme, obligeant les musiciens à retourner sur scène pour réinterpréter la dernière pièce. Douze autres spectacles aux États-Unis viendront clore le long périple entamé un an auparavant. Après le dernier concert, le batteur Chris Whitten décidera de quitter le groupe pour aller rejoindre la formation Dire Straits, en tournée dès le mois de septembre suivant.

De retour en Angleterre, Paul travaillera sur l'album enregistré en spectacle et provisoirement intitulé *Now*. À partir des 83 concerts et tests de son mis sur bande, Pete Henderson, Bob Clearmountain et McCartney sélectionneront 37 titres dans le but d'offrir une expérience unique aux fans. Presque toutes les chansons y seront incluses, offrant ainsi au public la chance de se remémorer le passage de l'artiste dans leur ville. Finalement, *Tripping the Live Fantastic* verra le jour en novembre 1990 en versions double et simple. Il sera accompagné de la sortie du documentaire de 52 minutes *From Rio to Liverpool*, illustrant bien l'atmosphère de la tournée.

L'année se terminera avec la composition de trois chansons en compagnie d'Elvis Costello et une série de participations à différentes émissions télévisées pour mousser la sortie du prochain 45 tours, *All my Trials*. Enregistrée le 13 décembre, l'émission *Rock o Pop* permettra au public de faire connaissance avec le nouveau batteur de McCartney: Blair Cunningham. L'ancien musicien des Pretenders (1986-1987) viendra rejoindre son ami Robbie McIntosh. Même si les deux dernières années ont été surchargées, pas question pour Paul de s'arrêter après avoir goûté à nouveau à la popularité.

Chapitre VII

Fantastique McCartney
(1991-1993)

Deux projets très intéressants viendront occuper la première moitié de 1991. Dans un premier temps, McCartney poursuivra en janvier le travail entrepris en 1989 en compagnie du chef d'orchestre Carl Davis pour la création d'un oratorio commémorant le 150e anniversaire du Royal Philharmonic Orchestra de Liverpool. Alors à ses débuts, la série *Unplugged* de MTV proposera également à McCartney de revisiter ses chansons à l'aide d'instruments exclusivement acoustiques. Bien avant qu'Eric Clapton, Mariah Carey, Lenny Kravitz, Paul Simon et Elton John y participent, il donnera son appui au projet en y consacrant plusieurs journées de travail assidu. Il réunira son groupe en janvier dans le studio de Mill pour répéter plus de 70 chansons, chacune avec des arrangements différents. Un travail colossal où l'artiste n'aura jamais été aussi aventureux, s'amusant à retravailler *Mother Nature's Son, Rocky Raccoon* et *Her Majesty* des Beatles, *Heart of the Country, My Love, Mrs. Vandebilt* et *She's my Baby* des Wings, et de reprendre certains classiques tels que *Love me Tender* (Elvis Presley), *Heartbreak Hotel* (Elvis Presley), *Wake up Little Susie* (The Everly Brothers) et *You Are my Sunshine* (Davis Mitchell). Prémonition ou souci du travail bien fait, Paul misera beaucoup sur cette émission télévisée. Le futur lui donnera raison puisque cette émission est passée à l'histoire de la chaîne MTV.

C'est le 25 janvier 1991 que le producteur Joel Gallen invitera la bande de McCartney à se produire devant les caméras déployées au Limehouse Television Studios de Wembley, en Angleterre. Pas moins de vingt-trois chansons seront offertes en un peu moins de trois heures aux deux cents privilégiés réunis. Tous les musiciens seront d'une nervosité extrême, Paul oubliant même à trois reprises les paroles de *We Can Work it Out*. Pour le batteur Blair Cunningham, son premier spectacle avec le groupe augmentera d'autant plus le niveau de difficulté: «Tout le monde était nerveux, mais moi j'étais terrorisé. Je me suis alors dit: "Peu importe ce que tu fais, n'échappe pas les bâtons. Frappe n'importe quoi mais n'échappe pas les bâtons." Je regardais Wix et il suait beaucoup, s'épongeant sans cesse avec une serviette[1]», commentera-t-il. Les six musiciens s'en tireront honorablement et la diffusion de l'émission aura lieu le 3 avril suivant aux États-Unis. Devant cet autre succès, McCartney décidera d'en faire un disque intitulé *Unplugged – The Official Bootleg*, limité à 500 000 exemplaires dans le monde entier. Il arrivera de manière tout à fait inattendue en magasin le 4 mai 1991, au grand ravissement des fans. Parmi les dix-sept titres conservés pour cet album, on remarquera *I've Just Seen a Face, And I Love Her, We Can Work it Out* et *Blackbird.*

Autre surprise, quelques répétitions subséquentes tenues en mai pousseront la bande à effectuer une mini-tournée de six concerts *unplugged* en Espagne, en Italie, au Danemark et en Angleterre. Du 8 mai au 24 juillet, le groupe s'annoncera quelques jours à l'avance et se produira devant un public moins nombreux mais très enthousiaste d'entendre des versions entièrement acoustiques des chansons *Every Night, Here, There and Everywhere, That Would Be Something* et des versions électriques *My Brave Face, Get Back* et *Let it Be*. Trente-deux chansons au total seront jouées pendant plus de deux heures trente. Aucun enregistrement de qualité ne sera produit de ces performances exceptionnelles où McCartney sera inspiré.

McCartney goes classic & electronic

Pendant ce temps, le chanteur explorera également le domaine de la musique classique en compagnie de Carl Davis. Après deux ans de travail assidu sur la composition du *Liverpool Oratorio*, on répétera l'œuvre du 25 au 27 mars à la cathédrale anglicane de Liverpool. Le chef d'orchestre américain se souviendra de la genèse du projet: «J'ai fait part à Paul de cette proposition au cours d'une soirée donnée chez lui. Il l'a d'abord refusée d'un bloc. Et puis, au moment de prendre congé, il m'en a reparlé: "Ça m'intéresse, mais vous savez, je ne sais pas lire une partition[2]." Peu importe, Davis se chargera d'écrire la musique, tandis que McCartney lui dictera les principales lignes mélodiques. Carl Davis remplacera ainsi George Martin, le réalisateur derrière les pièces instrumentales du film *The Family Way*. Le nouveau partenaire d'écriture de

McCartney trouvera son travail difficile, devant s'habituer au style brusque et autoritaire du musicien. Pour sa part, Paul devra laisser un peu plus de place à Davis pour permettre l'éclosion du projet. L'œuvre sera constituée de huit mouvements, une description de l'évolution personnelle de McCartney depuis sa naissance en 1942 jusqu'à aujourd'hui. Consciencieusement, on évitera de traiter des années 1960 et de la *Beatlemania* dans le livret. L'enregistrement des 100 minutes de l'oratorio se fera les 28 et 29 juin 1991 dans la cathédrale de Liverpool, quelques semaines avant d'être présenté aux quatre coins du globe. Il mettra en vedette dame Kiri Te Kanawa, soprano de réputation internationale, et le ténor Jerry Hadley. Étonnamment, la critique acclamera l'oratorio qui rejoindra un vaste public, justifiant la tenue de plus de 100 représentations dans une vingtaine de pays. Sa sortie le 22 octobre suivant en disque compact permettra à EMI Classics d'encaisser d'excellentes ventes. Cette expérience incitera le créateur à récidiver au cours des années suivantes.

La sortie du film *Get Back*, document présentant en 90 minutes les faits saillants de la récente tournée, aura finalement lieu en Allemagne le 18 septembre et nécessitera la présence de McCartney pour la conférence de presse, lui qui était de retour d'un voyage à Long Island. Infatigable, Paul reprendra la route en compagnie de Linda dans les semaines à venir pour lancer le documentaire le 24 octobre à New York et le lendemain à Toronto. Celui-ci ne jouira pas d'un énorme succès et précipitera sa sortie en vidéo quelques semaines plus tard.

Novembre venu, les sessions qui mèneront à la production du disque *Off the Ground* débuteront en grande pompe au Mill at Hog Mill. Pour la première fois depuis longtemps, on soumettra aux musiciens nouvellement arrivés en studio des maquettes préparées par McCartney. Rassemblées sur 24 cassettes, elles prendront la forme de petites esquisses et d'idées fortuites mises sur bande. Son créateur en fera une sélection approximative avant de les soumettre au producteur Julian Mendelsohn (*Press to Play*), qui sera le premier à entendre les 25 démos proposés pour l'occasion. La plupart seront tranformés et réenregistrés pour les disques à venir. Seules les chansons *Magic Lamp, In Liverpool, Wedding Invitation, Guitar Peace – Hurricane Bob, Wish You Were Mine, If You Say So, Simple Song, On a Pedestal* ne seront pas éditées. Elles restent encore enfouies dans les archives de son créateur. Le groupe constitué de McIntosh, Stuart, Cunninghan et Wickens sera reformé du 25 novembre au 6 décembre pendant une séance de familiarisation avec le nouveau matériel. Du lundi au vendredi, de midi à 20 h, les sessions d'enregistrement seront intensives et réalisées en direct, sans véritable montage. Pour Hamish Stuart: «Dès le premier instant où il a joué devant nous les nouvelles chansons, j'avais le sentiment que c'était réussi. On peut mettre la main sur toutes sortes de démos de nos jours, mais les meilleurs sont ceux qui laissent une certaine liberté aux autres musiciens. Ces chansons pour lesquelles nous devions apporter notre style en étaient un bon exemple[3].» Les enregistrements se poursuivront avec succès jusqu'en juillet 1992, permettant même de jongler encore une fois avec l'idée de sortir un album double. Mais McCartney préférera gâter ses fans en privilégiant la mise en marché de nombreux 45 tours.

Tandis que le *Liverpool Oratorio* triomphe encore sur les palmarès classiques et en salle, Paul fera de nouveau appel à Davis en décembre 1991 pour l'orchestration de *Appaloosa*. Cette musique sera spécialement composée pour le film du même nom tourné par Barry Chattington. Ironiquement, ce collaborateur de longue date des McCartney aura strictement travaillé sur des documentaires n'ayant jamais vu le jour (*Band on the Run, Bruce McMouse* et *Rockestra*). Le titre de cet autre film inédit viendra d'une chanson composée par Linda à l'époque des Wings, exprimant sa passion pour les chevaux et l'équitation. Les quatre mouvements seront enregistrés le 29 janvier 1992 par les 75 musiciens du London Symphony Orchestra. La BBC2 l'ajoutera à sa programmation le 16 juillet 1994. Elle reste un des plus beaux témoignages musicaux laissés par l'épouse de Paul.

À la suite des sessions passées avec son groupe jusqu'en juillet 1992, McCartney demandera à George Martin de lui consacrer la journée du 3 septembre dans son studio à Sussex pour l'enregistrement de trois chansons, *Calico Skies, Great Day* et *When Winter Comes*. Si les deux premières paraîtront sur l'album *Flaming Pie* (1997), la dernière est encore inconnue des collectionneurs. Cette collaboration permettra aux deux créateurs de se retrouver et de discuter des différents projets entourant la réunion sur disque des Beatles. De plus, Martin assurera les parties orchestrales de la chanson *C'mon People*, qui se trouve sur *Off the Ground*.

Les annés à venir laisseront plus de place à de maintes explorations musicales. Venant à peine de célébrer ses 50 ans en juin, Paul s'offrira en octobre une cure de rajeunissement avec un traitement de musique électronique. Rappelons que la chanson *Où est le soleil?* (1989) avait ouvert le chemin à une musique destinée aux clubs. Trois ans plus tard, le créateur récidivera dans son studio The Mill avec une série de remixages effectués en compagnie de Martin Glover, le bassiste du groupe Killing Joke. L'idée originale sera d'insuffler une seconde vie aux nouvelles créations issues de sessions effectuées avec le groupe. Le programme changera cependant; il sera plutôt question de récupérer diverses bandes dont celles gravées lors de la production du disque *Back to the Egg*. En quatre jours, neuf pièces de techno-trance émergeront des studios, donnant forme à un album intitulé *Strawberries Oceans Ships Forest*. McCartney sortira le disque en Angleterre en novembre 1993 et aux États-Unis en février 1994 sous le nom The Fireman[4]. Évidemment, ce travail passera inaperçu sur les palmarès. Et dans les discothèques, qui peut se vanter d'avoir «entendu les premiers jets d'eau» de ce drôle de pompier?

La fin de l'année 1992 sera marquée par une série de prestations télévisuelles présentant les nouvelles chansons de l'album à venir. Paul en profitera pour organiser des répétitions avec le groupe en prévision de la prochaine tournée mondiale. Après avoir tourné à Los Angeles divers vidéos promotionnels, les musiciens se rendront au Ed Sullivan Theater de New York pour deux prestations captées par la chaîne MTV. Elles donneront le ton à la prochaine série de concerts alors que les chansons *Fixing a Hole, Penny Lane, Michelle, I Wanna Be Your Man* et *Lady Madonna* seront réintégrées au répertoire de Paul. Ces concerts du 10 et du 11 décembre impressionneront grâce à l'interprétation des vingt et une chansons choisies. La version finale de l'excellent document visuel *Up Close* en présentera seize le 3 février 1993. Une fois l'opération charme terminée, la famille McCartney se rendra encore une fois en Jamaïque pour y passer les vacances de Noël.

L'appel de la scène

McCartney avait grandement profité de sa tournée mondiale de 1989, lui redonnant son statut de Beatles préféré des foules. Après les échecs commerciaux de ses disques, pas question de retomber dans l'oubli en se réfugiant en studio. Paul planifiera donc le *New World Tour* en compagnie de son équipe, faisant suite à la tournée fructueuse de Ringo et son All-Starr Band en 1992. Dès janvier 1993, Paul se rendra aux Pinewood Studios de Londres pour répéter les chansons figurant au menu de la prochaine tournée. Ces séances de travail seront agrémentées, le 22 janvier, par une visite de la princesse Diana et de ses deux fils, William et Harry, venus rencontrer la famille McCartney. Quelques chansons seront chantées spécialement pour eux. Fidèle à la tradition, une dernière répétition générale au London Arena (Docklands) se tiendra le 5 février devant 3000 invités.

La sortie aux États-Unis le 9 février 1993 de l'album *Off the Ground* ne passera pas inaperçue grâce au premier extrait radiophonique intitulé *Hope of Delivrance* dont le vidéoclip a été tourné l'hiver précédent à Ashdown Forest dans le sud de l'Angleterre et dans un studio de l'ouest de Londres. Ce dix-huitième album en carrière sera moins complet que *Flower in the Dirt* (1989), malgré les deux collaborations avec Elvis Costello sur *Mistress and Maid* et *The Lovers That Never Were*. *Off the Ground* souffrira d'un certain manque d'inspiration; par exemple, *Golden Earth Girl* sera une copie carbone de *Warm and Beautiful*. Par contre, certains titres comme *C'mon People*, *Get Out of my Way* et *Peace in the Neighbourhood* s'en tireront honorablement. Parmi ce lot de chansons, les plus intéressantes se retrouveront paradoxalement sur les faces B des 45 tours. On se demande bien pourquoi *I Can't Imagine*, *Long Leather Coat*, *Keep Coming Back Love* et *Sweet Sweet Memories* auront été écartés de l'album au profit de *I Owe It all to You* et *Biker Like an Icon*.

McCartney deviendra beaucoup plus contestataire sur ce nouvel album, n'hésitant pas sur *Looking for Changes* à attaquer les tortionnaires d'animaux ou encore à utiliser à maintes reprises le mot «*fuck*» dans *Big Boys Bickering*: «Je crois que la musique peut affecter les changements sociaux, et ce, pour le meilleur. Si vous avez besoin d'une preuve, prenez le cas de la guerre du Vietnam qui a été en partie arrêtée à la suite d'une marche d'un million de personnes chantant *Give Peace a Chance* devant la Maison-Blanche... Je crois que sur ce nouvel album, les chansons *Off the Ground* et *Hope of Delivrance* veulent dire quelque chose que les gens vont encourager. C'est un retour à la mentalité des années 1960, ce qui n'est pas une mauvaise chose[5].» En ce qui concerne la musique, les guitares de McIntosh et Stuart seront mieux définies, laissant place à des envolées plus intéressantes. Quant aux paroles, après plus de vingt ans de critiques, le chanteur s'en remettra enfin aux corrections du poète Adrian Mitchell. Mais certaines chansons souffriront encore de la légèreté de la plume de Paul…

En même temps que McCartney, Mick Jagger mettra en vente *Wandering Spirit*, le troisième album solo du chanteur des Rolling Stones. Avec son simple *Sweet Thing*, il volera quelque peu la vedette à son confrère. McCartney se rendra au NBC Studio de New York en compagnie de ses musiciens, une semaine après Jagger, pour participer à l'émission *Saturday Night Live*, afin d'assurer une bonne couverture médiatique du nouveau disque. Paul y chantera deux nouvelles chansons, *Get Out of my Way, Biker Like an Icon* ainsi que l'incontournable *Hey Jude*. Les tests de son de l'après-midi seront si exceptionnels que Paul s'amusera à chanter *Blue Suede Shoes, Twenty Flight Rock, The Walk* et *Linda Lu*. D'excellentes copies de ces chansons circuleront hors marché.

Après une brève apparition à l'émission *Top of the Pops* de la BBC Television Centre, les musiciens s'envoleront pour l'Italie dans le but de réchauffer leurs instruments. Une foule en liesse de 12 000 personnes les attendra. Du 18 février au 23 février, quatre concerts permettra de solidifier le spectacle et d'entreprendre une tournée de 79 villes jusqu'au 16 décembre 1993. Cette série de spectacles réunira sensiblement les mêmes personnes qui avaient fait de la tournée de 1989-1990 un succès sans précédent. Mais cette fois-ci, quatre scènes différentes et trois équipes de production se promèneront sur les continents. Tout deviendra plus imposant et plus réjouissant pour les fans, 198 personnes travaillant à produire le meilleur spectacle possible. La bande sonore diffusée pendant l'entrée des spectateurs présentera des pièces inédites de McCartney et certaines préférées du public. À ce chapitre, notons *Jam 18* de McCartney, *Monkberry Moon Delight* par Screamin' Jay Hawkins, *Sexual Healing* par McCartney et *My Love* par Junior Walker. Suivant *Luck Be a Lady Tonight* de Marlon Brando, on présentera un autre film avant le concert. Le moyen métrage sera constitué des clips de chansons enregistrées à l'époque des Wings. Enfin, mentionnons qu'encore une fois, tous les concerts seront enregistrés par l'équipe de production.

La première partie du *New World Tour* commencera le 5 mars 1993 en Australie au Subiaco Oval de Perth avec, en première partie, Jenny Morris. Ils seront dans cette région du globe jusqu'au 27 mars, une première depuis la tournée australienne des Wings en novembre 1975. Le nouveau spectacle restera presque inchangé pour le restant de l'année, proposant 35 titres par soir. Pendant cette prestation colossale, Paul chantera en ouverture *Drive my Car, Coming Up* et *Get Out of my Way*. Seront interprétées également de nombreuses reprises des Beatles comme *All my Loving, Can't Buy me Love, We Can Work it out, And I Love Her, Michelle, Yesterday, Magical Mystery Tour* pour n'en nommer que quelques-unes. De ses années solo et avec les Wings, Paul ne glissera que *My Love, Let Me Roll it, Every Night, Live and Let Die* et *Band on the Run*. Dans quelques villes seulement le public aura doit à *Another Day* et *Mull of Kintyre*. Mis à part quelques extraits de *Off the Ground*, aucune chanson composée depuis les seize dernières années par Paul n'y figureront. Les journaux parleront beaucoup plus d'un retour des Beatles que de celui de Paul McCartney. On envisagera même de faire appel à Julian Lennon pour assurer la première partie des concerts donnés en Amérique.

Devant le succès de la nouvelle tournée, on décidera de mettre sur le marché des versions «remasterisées» du catalogue solo de McCartney. Dès avril 1993, les fans pourront mettre la main sur des versions revues et corrigées des albums *McCartney* (1970), *Ram* (1971), *Wild Life* (1971), *Red Rose Speedway* (1973), *Band on the Run* (1973), *Venus and Mars* (1975) et *Wings at the Speed of Sound* (1976). La plupart d'entre eux comprendront quelques titres supplémentaires, la plupart étant des faces B non rééditées depuis plusieurs années. Il faudra attendre le 7 juin pour renouer avec *Wings Greatest* (1978), *Back to the Egg* (1979), *McCartney II* (1980), *Tug of War* (1982), *Pipes of Peace* (1983), *Give my Regards to Broad Street* (1984), *Press to Play* (1986) et *Fowers in the Dirt* (1989). Étonnamment, on attend toujours la réédition de *Wings Over America* (1977), album-culte du défunt groupe Wings. La nouvelle gravure numérique des chansons sorties par McCartney depuis les vingt-deux dernières années ne l'incitera pas à les réarranger pour la scène. Il faudra mettre la main sur les enregistrements originaux pour réentendre certains classiques.

Le premier passage en Amérique se fera dans la ville de Mexico le 6 avril et se terminera le 15 juin 1993 à Charlotte. En plus de visiter des villes ignorées lors de la tournée précédente, il permettra à l'ex-Beatles de rencontrer ses idoles, Carl Perkins (Memphis, le 27 avril) et Chuck Berry (St. Louis, le 29 avril). Étant donné un itinéraire chargé et une montée en flèche des frais de production, la tournée au nord de la frontière des États-Unis ne s'arrêtera qu'à Winnipeg et à Toronto, visite ajoutée à la dernière minute. Une prolongation s'étalant du 23 juin au 28 juillet sera prévue pour donner des concerts à Nashville, à Sacramento, à Dallas, à San Diego et à Washington. Cet itinéraire sera annulé à la fin mai à cause de nombreuses annulations et erreurs de parcours réalisées pendant la tournée. En effet, comment expliquer que celle-ci ait complètement ignoré New York? On rapportera même que le budget mal géré du *New World Tour* causera quelques maux de tête au principal intéressé. C'est la raison pour laquelle McCartney congédiera en juin 1993 Richard Ogden, son gérant depuis plusieurs années[6].

Le *New World Tour* sera particulièrement intéressant pour les collectionneurs, qui s'approvisionneront en bandes enregistrées pendant les tests de son effectués avant chaque concert. Paul semblera beaucoup plus s'amuser lors de ces séances, d'une durée moyenne de 50 minutes. Il improvisera avec ses classiques et jonglera avec les inédites, allant même jusqu'à créer de nouvelles chansons. À la fin de la tournée, il en aura une quantité importante, ce qui l'obligera à les classer et à ajouter sur son prochain disque *live* des nouveautés telles que *Hotel in Benidorm* et *A Fine Day*.

McCartney retournera en studio à la demande de la compagnie de disques EMI, non pas pour travailler sur des chansons originales mais pour assembler un disque enregistré en spectacle. Pendant la pause de trois mois séparant les deux segments de la tournée, il réécoutera avec mécontentement les bandes tandis que Geoff Emerick l'assistera dans cette lourde tâche. En effet, pourquoi produire un tel disque trois ans seulement après la sortie de *Tripping the Life Fantastic*? Bien évidemment, c'est dans le but d'en vendre le plus possible pendant la période de Noël. Initialement intitulé *From AUS to USA*, l'album deviendra *Paul Is Live,* après la séance de photos effectuée le 22 juillet sur Abbey Road par Iain MacMillan. McCartney reprendra pour l'occasion le célèbre concept de la pochette du disque *Abbey Road*. Cette fois-ci, ce sera le chien Arrow (appartenant au fils de Paul) qui remplacera George, John et Ringo! Le disque sera en magasin à la mi-novembre.

En attendant, la tournée reprendra la route le 3 septembre 1993 en Allemagne, parcourant par la suite des milliers de kilomètres partout en Europe. On visitera jusqu'au 27 octobre les villes de Vienne, Munich, Londres, Dortmund, Stuttgart, Oslo, Stockholm, Frankfurt, Rotterdam, Paris, Toulon, Florence et Barcelone. On devait poursuivre la tournée en Amérique du Nord, mais les organisateurs préféreront un autre voyage au Japon en novembre pour rentabiliser les opérations, car les spectacles y sont beaucoup plus rentables. À son arrivée à l'aéroport de Narita, Paul passera à nouveau les douanes sans problème. La dernière prestation du 19 novembre au Fukuka Dome sera suivie d'un périple à Los Angeles pour permettre au groupe de se reposer avant la dernière partie de la tournée. Celle-ci se terminera au Estadio Naçional de Santiago, au Chili: «C'était le stade où Pinochet avait rassemblé tous les prisonniers politiques; nous avions des frissons dans la salle des costumes à l'idée que des poètes et des artistes y avaient été tués. J'avais le sentiment qu'il fallait exorciser le diable de l'endroit en chantant *Let it Be*. C'était un spectacle très impressionnant, vu par une foule de 70 000 personnes. Les membres de l'équipe ont adoré, célébrant en famille ce dernier concert. Mais cette salle des costumes me reste dans la tête[7].»

L'année 1993 achevée, les McCartney pourront enfin se reposer après quatre années intensives de travail où les tournées se sont entremêlées aux nombreuses sessions d'enregistrement. Le bourreau de travail qu'est Paul ralentira la cadence mais se permettra plusieurs excursions en studio et préparera en douce le grand retour des Beatles. Mais avant, une visite à l'usine Fairmont Foods, aux États-Unis, s'imposera dans le but de faire la promotion des repas végétariens congelés de Linda.

Chapitre VIII

Mesdames, messieurs, The Beatles…
(1994-2000)

Pendant les deux prochaines années, la carrière de McCartney sera en grande partie consacrée à ressusciter l'âme des Beatles par le biais de trois disques doubles, d'un documentaire vidéo de dix heures et d'une autobiographie de 368 pages. Le projet d'un film retraçant l'évolution du groupe avait été proposé en 1980 et avait le titre provisoire de *The Long and Winding Road*. La mort de Lennon provoquera cependant l'annulation du projet. Geoff Emerick, l'ingénieur de son, s'était également penché sur la question en réécoutant à partir de 1976 les archives musicales de EMI. Une maquette de chansons inédites avait été produite en 1985 dans le but de sortir un disque intitulé *Sessions*. Choqués de ne pas en avoir été informés, les trois Beatles avaient interdit sa parution. Mais l'idée sera reprise au début des années 1990, poussant les musiciens à se réunir pour composer ensemble et pour organiser la mise en marché de divers documents inédits reliés aux Beatles. Des chansons verront le jour en studio, dont *All for Love* (Harrison/McCartney), mais Ringo ressentira plus fortement que les autres l'absence de Lennon. Le batteur demandera l'impossible: faire revenir le disparu sur bande! On laissera à McCartney la tâche de joindre Yoko Ono pour lui demander si des enregistrements de John existent, permettant ainsi au défunt de participer d'une certaine façon à la réunion. Les premiers balbutiements d'un tel projet se feront officiellement le 19 janvier 1994 pendant la cérémonie d'introduction de John Lennon au Rock'n'Roll Hall of Fame de New York. Réunis pour la première fois depuis fort longtemps, McCartney, Harrison et Starr recevront de Yoko Ono les fameuses bandes démos de John permettant aux musiciens de jouer virtuellement ensemble. Selon Neil Aspinall, adjoint du groupe, cinq ou six chansons figuraient sur les cassettes remises, mais plusieurs seront mises de côté pendant le processus de revitalisation. Rappelons que six ans auparavant, Paul avait catégoriquement refusé d'être aperçu en compagnie de ses anciens collègues. Mais une fois les problèmes reliés à Apple réglés, il se montrera de plus en plus enclin à renouer avec les deux membres survivants et l'incontournable Yoko. Même si les relations s'amélioreront entre les quatre initiateurs du projet durant les deux prochaines années, de nettes tensions persisteront tout de même entre McCartney et Harrison, ce dernier n'ayant toujours pas digéré certains gestes faits par son ancien ami. Tout au long du projet, le malaise sera évident[1].

En février, McCartney sera impatient d'entendre les enregistrements remis par la veuve et se précipitera pendant une semaine au studio Hog Hill. Parmi ceux-ci, *Free as a Bird, Real Love, Grow Old With Me* et *Now and Then* avaient souffert de lourdes détériorations, mais s'avéreront être les chansons les plus intéressantes pour une éventuelle sortie en magasin. On commencera donc à travailler sur le projet des différentes anthologies. Mais le reste du travail, effectué sur une période de dix-huit mois, débutera après les quelques semaines de vacances de Linda et Paul en Amérique.

En mars, McCartney, Harrison et Starr se retrouveront dans le Sussex pour travailler sur la chanson *Free as a Bird*. Cette rencontre sera la première du genre depuis la dernière session d'enregistrement des Beatles tenue le dimanche 4 janvier 1970 pour *Let it Be*[2]. Harrison exigera la venue de Jeff Lynne à la réalisation, désireux de remplacer George Martin, pourtant considéré comme le cinquième Beatles. Lynne avait été un des Traveling Wilburys, groupe formé à la fin des années 1980 par Harrison en compagnie de Roy Orbison, Tom Petty et Bob Dylan. McCartney protestera et exprimera son désaccord jusqu'à ce que Martin, ne désirant pas s'imposer et troubler une paix si fragile, se désiste en prétextant que son acuité auditive s'était considérablement détériorée et nuirait au travail des autres. Le poste d'ingénieur de son sera confié à Geoff Emerick, un autre habitué qui était derrière la console pour l'enregistrement des albums *Sgt. Pepper's Lonely Hearts Club Band* et *Magical Mystery Tour*. La tâche ne sera pas de tout repos pour les instigateurs du projet puisque les bandes fournies se révéleront être à peine audibles, nécessitant une semaine complète de nettoyage. Lorsque Lennon y avait apposé sa voix en 1977, il n'était pas dans un état physique et psychologique assez satisfaisant pour se préoccuper de la qualité du résultat final. Dix-sept ans plus tard, on tentera de faire une chanson avec ce qui n'était en fait qu'un démo destiné à être écouté par son créateur seulement. C'est pourquoi la cassette sera transférée sur un magnétophone analogue de 48 pistes, permettant ainsi aux trois autres membres d'ajouter leurs voix. Ringo reprendra du service à la batterie, Paul à la basse, au piano et à la guitare acoustique, tandis que George fera la majorité des mélodies à la guitare. La prochaine réunion se tiendra en juin 1994, un délai causé par la vente de Handmade Films, la compagnie de George Harrison.

À la même époque, Paul commencera à écrire de nouvelles chansons en prévision d'un album solo à paraître après la tornade Beatles qui s'abattra sur la planète l'année suivante. Pas question d'enregistrer quoi que ce soit, se contentant de composer et de chanter les émotions du moment. Toujours en train de promouvoir le végétarisme, Paul en profitera pour se rendre de nouveau en Amérique et ainsi encourager la vente des produits congelés «Linda McCartney». En tant qu'invité spécial de l'entreprise Go Veggie Inc., qui distribue ces produits congelés, il tiendra des conférences de presse données à Chicago (le 10 mai), à St. Louis (le 11 mai) et à Denvers (le 12 mai). Aussi, il suivra sa femme un peu partout lorsqu'elle participera à diverses émissions télévisées traitant de cuisine. C'est dans les différentes salles d'attente des studios de télévision que Paul composera de nombreux titres.

Après une session d'enregistrement tenue le 22 juin dans le Sussex[3], une autre rencontre des Beatles se tiendra le 23 juin au Friar Park, domicile principal de George Harrison à Henly-on-Thames (Angleterre). Une version symbolique de *Let it Be* devait y être enregistrée et filmée, mais après une longue réunion dans le jardin du domaine, les trois musiciens en décideront autrement. Présentes, les épouses constateront que plus Paul, George et Ringo se réuniront, plus l'absence de John se fera sentir. Les Beatles se contenteront donc d'interpréter quelques succès et des créations originales dont *Thinking of Linking, Ain't She Sweet, Love Me Do, I Saw Her Standing There, I Will, Derradine* et *Blue Moon of Kentucky*. Une seule minute de ses prestations sera diffusée, soit le 4 décembre 1996 à l'émission *Good Morning America* à ABC. À la suite de ce concert privé, certaines entrevues seront également filmées pour l'anthologie. Tout au long de l'année, d'autres entretiens du genre auront lieu pour compléter le documentaire: «Nous voulions également connaître notre histoire, dira McCartney en entrevue avec le magazine *Q*. Il y avait certaines choses nébuleuses de notre passé à cause de l'implication d'un grand nombre de personnes. Lorsque vous avez le point de vue d'une seule personne, une certaine vérité s'impose d'elle-même. Mais lorsque quatre personnes vous donnent leur vision, ça met les choses en perspective. Nous voulions mettre les choses au clair parce qu'il y a tant de livres, vrais et faux, écrits sur nous[4].» La machine à rumeurs s'activera à nouveau après les séances tenues en juin. Certains journaux écriront que plus de 10 heures de matériel ont été enregistrées par les trois Beatles dans le but de mettre sur le marché un nouvel album. Encore aujourd'hui, jamais une telle idée n'a été discutée en entrevue par les principaux intéressés.

Le 30 novembre 1994, une surprise attendra les fans des Beatles chez les disquaires. La compagnie de disques EMI mettra en vente l'album double *Live at the BBC*, constitué de 140 minutes de musique inédite. Relégués auparavant au domaine des disques pirates, certains enregistrements des Beatles, tirés des émissions radiophoniques diffusées à la BBC, retrouveront leur splendeur sur les deux disques. En quelques semaines seulement, 8 millions d'exemplaires s'envoleront rapidement. Ces résultats encourageront la poursuite du projet de l'anthologie.

Pendant la même année, Paul fera quelques démos (*Higgy Baggers Guitar Course, Someone Rocking My...*) et préparera une deuxième œuvre classique pour souligner le 100e anniversaire de la compagnie de disques EMI en 1997. Commandés en 1993, les premiers mouvements de ce qui deviendra *Standing Stone* (avec le London Symphony Orchestra) seront en toute discrétion travaillés à l'automne. Profitant de ses nombreux moments dans les archives de EMI, Paul préparera également la série radio *Oobu Joobu*, consacrée à la diffusion de ses chansons inédites. Prévoyant une diffusion pour l'année suivante, il passera de nombreuses heures à préparer les différentes émissions.

Retour dans le sous-marin jaune

L'année 1995 sera fort occupée pour Paul, surchargé par divers projets avec son ancien groupe, en solo et en famille. Il dira plus tard en entrevue: «Même s'il semble que 1995 ait été une année tranquille, la principale excuse est l'*Anthologie*. Ça m'a au moins rendu célèbre pour les douze prochains mois! Avec les lettres que je reçois, je sais que tout le monde adore écouter le matériel qui a été réuni. Tout ceci m'a donné un bon prétexte pour assembler de la nouvelle musique[5].» Cependant, d'autres événements importants forceront Paul à mettre un frein à ses activités.

Pendant ses traditionnelles vacances en Jamaïque en janvier 1995, Paul composera les chansons *The Song We Were Singing, Souvenir* et *Little Willow*, cette dernière soulignant la mort d'un ami. À son retour, il commencera graduellement à rassembler le matériel de son prochain album, comprenant *Young Boy* (écrite en attendant que Linda ait terminé une recette de cuisine pour le *New York Times*), *Somedays, If You Wanna* et *The World Tonight*. Douze autres chansons prendront la forme de démos: *Chemical Soup, Angel in Disguise, While Away the Hours, You Don't Have Nothing, Another Idea, Give Me the Right to Freedom, If You Ever, Jack Be Nimble, Check it Out, Can't Get Through to You, I Got Love* et *Wait in the Dark*[6]. Celles-ci ne seront jamais enregistrées et resteront dans les archives.

Jugée impossible il y a deux ans à peine, une séance d'enregistrement tenue le 28 janvier[7] (d'autres sources mentionnent le 11 mars), dans le studio The Mill, mettra en vedette Yoko Ono, son fils Sean et toute la famille McCartney. Pendant leur voyage en Angleterre, le clan Lennon sera invité par Paul à rester dans son domicile du Sussex et à fraterniser par le biais d'une séance de travail sur la composition de Ono intitulée *Hiroshima Sky Is Alway Blue*. La diffusion de la chanson sera reportée pour la commémoration du 50e anniversaire de la tragédie d'Hiroshima. Est-ce le projet de l'anthologie qui permettra un tel rapprochement entre les parties? Il est étonnant d'entendre sur cette «improvisation» de sept minutes Yoko (voix), Paul (voix et basse), Linda (orgue), Sean Lennon (guitare) et les enfants McCartney: James (guitare), Heather, Mary et Stella (voix). Seul le disque pirate *We'd Go on for Hours* (No Label Records NLR 9902) nous permet de l'entendre.

Deux jours plus tard, reprendront les séances de production des Beatles. Ringo et McCartney se rencontreront au studio Hog Hill le 30 janvier tandis qu'Harrison arrivera le lendemain. Pendant les deux premières semaines de février, ils travailleront sur les pistes de *Real Love*, abandonnant *Now and Then*. Pour ce qui deviendra la dernière réunion d'enregistrement entre les musiciens, le réalisateur Geoff Wonfor sera dépêché sur les lieux pour immortaliser l'événement sur pellicule. En effet, ce n'est qu'en mai qu'ils se retrouveront en compagnie de George Martin dans le seul but de réunir le matériel inédit figurant sur les trois albums doubles. Si Lynne s'occupera d'actualiser les vieux démos de Lennon, c'est à Martin que reviendra le privilège de fouiller les voûtes d'Abbey Road et de compiler les six heures de musique inédite.

En attendant, McCartney s'envolera en direction des États-Unis afin de rejoindre le guitariste Steve Miller et d'enregistrer quelques chansons dans son studio situé en Idaho (Sun Valley): «C'était fantastique de renouer mon amitié des années 1960 avec Steve Miller. Travailler avec lui était un peu comme retomber dans de vieilles habitudes[8]», dira Paul. Trois jours de studio permettront la production des nouveaux titres dont *Young Boy*, gravé le 22 février. À son retour en Angleterre, Paul semblera satisfait du travail effectué avec Miller puisqu'il l'invitera en mai à son studio dans le Sussex. C'est à cet endroit que se tiendront d'autres sessions en duo où *Broomstick* (4 mai), *Used to Be Bad* (5 mai), *If You Wanna* (11 mai), *Soul Boy* et *Country Girl* naîtront. Enfin, sur les quatorze chansons de *Flaming Pie* (1997), trois ont été enregistrées avec le guitariste.

Pendant ce temps, McCartney s'offrira un retour sur scène en compagnie d'Elvis Costello au St. James' Palace de Londres. Fruit de quatre jours de répétitions intensives (15,17, 20 et 22 mars), cette soirée-bénéfice du 23 mars viendra en aide au Royal College of Music et accueillera pas plus de 300 invités fortunés. Pour l'occasion, la pianiste russe Anya Alexeyev interprétera en ouverture la composition classique de Paul intitulée *A Leaf*, tandis que les musiciens Willard White et Sally Burgess poursuivront avec, entre autres, *The Drinking Song, Long Time Ago* et *The Dodger*. Costello et le Brodsky Quartet joueront en compagnie de l'ex-Beatles six compositions bien connues: *One After 909, Mistress and Maid, For No One, Eleanor Rigby, Yesterday* et *Lady Madonna*. D'excellents disques pirates de cette soirée sont toujours en circulation (par exemple, *A Royal Performance* – Strawberry Records). Seule autre apparition publique de McCartney pendant cette année: le 16 octobre au Royal Albert Hall où il accompagnera à l'aide de sa guitare Epiphone Casino la poésie d'Allen Ginsberg. Le poème *The Ballad of the Skeletons* sera chanté sur une musique de Paul.

La jeune Stella McCartney, alors âgée de 23 ans, fera ses premiers pas dans le monde de la mode avec la collaboration de son père. Pour son premier défilé du 12 juin 1995 tenu au Islington's

Business Design Centre, Naomi Campbell, Kate Moss et Yasmin Le Bon porteront ses créations et se baladeront sur le podium sur une musique du célèbre père intitulée *Stella May Day*. À la demande de Stella, la composition sera enregistrée le 1er mai au studio des McCartney. Si Paul tentera d'aider sa fille grâce à une de ses compositions, celle-ci ne connaîtra pas encore son heure de gloire avec sa collection tirée de son portforlio de fin d'année du très célèbre St. Martin's School of Art de Londres. Mais papa appuiera constamment sa fille au cours des prochaines années, et ce, dans les bons et moins bons moments. À la suite de ce premier défilé, Paul incitera Stella à redoubler d'ardeur au travail.

Le reste du mois de mai sera excitant pour Paul car en plus de retrouver Miller, il collaborera avec Dave Stewart du groupe Eurythmics (18 mai) sur la chanson *Whole Life* et assistera le lendemain, en compagnie de George Martin, à l'ouverture des archives d'Abbey Road. Ce sera le début d'un long processus pour déterminer les 155 titres inédits qui figureront sur les trois volumes de l'anthologie. Martin aura écouté pas moins de 600 enregistrements pour en arriver à faire certaines propositions aux trois Beatles. Dans les mois qui suivront, ceux-ci se rendront périodiquement aux studios Abbey Road pour de nombreuses séances d'évaluation et de discussions avant la sortie du premier album le 21 novembre 1995. Les choix difficiles mèneront à quelques conflits entre les musiciens. La version de 27 minutes de *Helter Skelter* sera écartée après une courte discussion…

En plus de se pencher sur les archives des Beatles, McCartney visitera également les siennes pour dénicher des perles rares qui seront diffusées au cours de la série radio *Oobu Joobu*. C'est surtout le producteur Eddy Pumer qui effectuera la tâche avant la grande première du 27 mai. Au total, 15 émissions seront distribuées par Westwood One Radio Network, la même compagnie responsable de la production *The Lost Lennon Tapes*. Présentée sur les ondes américaines jusqu'au 2 septembre, *Oobu Joobu* n'atteindra pas sa cible et laissera les fans indifférents en raison du manque de matériel vraiment inédit. Ceux-ci connaissent bien la production de leur idole et ne veulent pas se contenter pas de simples reprises ou remixages de ses classiques ou de ses fiascos. Ce sera par contre l'occasion d'entendre pour la première fois certaines raretés dont *I Love This House, Love Mix, Stop You Don't Know Where She Came From, Give Us a Chord Roy, After You've*

Gone, SMA (avec Heather), *Your School, Little Daisy Roots, Praying Mantis/Mambo Baby, Be a Vegetarian, I Keep Believing/Love Awake* et *We're Gonna Move*. Mais l'ensemble de la programmation ne sera pas un succès, malgré l'inclusion d'une vingtaine de chansons réellement inédites. La compagnie de disques Yellow Cat s'occupera de distribuer illégalement en 15 volumes (17 disques) l'intégralité de cette production. En Angleterre, la BBC, insatisfaite du résultat, refusera d'inclure l'émission à sa programmation.

Après un passage le 4 juin aux États-Unis pour la promotion du livre de cuisine de Linda, Paul se rendra de nouveau à Abbey Road les 16, 20, 22, 27 et 29 juin pour une autre session d'écoute en compagnie des Beatles. Lentement, on commencera déjà à établir la liste des chansons du premier volume. En attendant le succès du *Beatles Anthology* et d'effectuer d'autres enregistrements en studio pour son prochain album solo, McCartney prendra des vacances méritées.

Le retour à Londres sera marqué par une autre réunion exceptionnelle au profit des victimes de la guerre de Bosnie. Le projet mis en branle par Brian Eno mettra en vedette quelques célébrités sur un album intitulé *Help*, en magasin le 11 septembre 1995. Pour l'occasion, sept jours auparavant, Paul avait pris contact avec Noel Gallagher (Oasis), Paul Weller (Jam) et Steve Craddock (Ocean Colour Scene) pour l'enregistrement d'une nouvelle version de *Come Together*. On l'entendra à la guitare, au clavier et aux voix sur cette pièce qui a reçu un excellent accueil des médias.

L'automne sera majoritairement passé à promouvoir la sortie de l'anthologie, à travailler sur la chanson *Standing Stone*, à renouer avec son ancien collègue Youth les 30 et 31 octobre pour enregistrer un second album du Fireman et à enregistrer quelques nouvelles chansons en compagnie de Jeff Lynne. Dès le 1er novembre, on se réunira dans le Sussex pour travailler sur *Somedays, The Song We Were Singing* (6 novembre), *The World Tonight* (13 novembre) et *Little Willow* (21 novembre). La plupart avaient été écrites en vacances, mais elles prendront une nouvelle forme lors de ces sessions d'enregistrement. Même si leur date de sortie n'est pas pas encore déterminée pour l'instant, McCartney sait qu'il a déjà entre les mains un excellent album. Le succès du prochain disque des Beatles l'incitera à la patience: «Selon ma compagnie de disque, je n'avais pas à faire un album, ce qui a changé le sens de la production. Je me suis mis à compiler toutes ces chansons et à les enregistrer pour le simple plaisir de la chose. Une attitude très différente et peu conventionnelle[9].»

Le 21 novembre, des millions de fans attendront aux portes des disquaires pour mettre la main sur un exemplaire de *The Beatles Anthology 1*. Certains magasins iront même jusqu'à ouvrir à minuit le jour de l'événement, voulant profiter de la frénésie qui s'était emparée des fans. D'ailleurs, 450 000 exemplaires s'envoleront aux quatre coins de la planète dès la première journée. Une semaine plus tard, le disque se sera vendu à 855 000 exemplaires. Parmi les 57 titres, on trouvera *Love Me Do, Twist and Shout* et *All My Loving*. Les documents historiques *In Spite of all the Danger, Three Cool Cats* et *How Do You Do it* feront enfin leur apparition au grand soulagement des fans. Depuis quelques semaines déjà, le 45 tours *Free as a Bird* triomphe sur les palmarès radio tandis que le vidéoclip jouit d'une excellente rotation. Par contre, les fans devront patienter pour *The Beatles Anthology 2* qui sortira le 18 mars 1996, tandis que le numéro 3 ne sera sur le marché qu'à partir du 12 octobre de cette même année. *Real Love*, la deuxième chanson «originale» du projet, sera entendue pour la première fois le 4 mars 1996, n'atteignant pas la même cote de popularité que *Free as a Bird*. Mais en vingt-cinq ans de carrière, jamais McCartney n'aura autant été le centre d'attraction, et ce, quelques jours avant que Linda apprenne la terrible nouvelle: elle souffre d'un cancer. Ce drame rendra les prochains mois difficiles, le couple se rendant à maintes reprises dans différentes cliniques. Ce sera le début d'un combat contre la maladie, qui durera trois ans. Si certaines périodes seront moins difficiles, d'autres demanderont aux McCartney de faire preuve de courage. Après l'annonce de la terrible nouvelle, Linda sera opérée au Princess Grace Hospital. Paul revivra un cauchemar qu'il a déjà connu, sa mère ayant été victime d'un cancer du sein lorsqu'il avait à peine 14 ans. Il décidera de se retirer pour soutenir son épouse, en convalescence pour les dix-huit prochains mois.

Flaming Pie: *chaud devant!*

Puisque Linda doit limiter ses apparitions publiques en raison de son cancer, Paul se rendra seul à la réouverture du Liverpool Institute of Performing Arts (LIPA) le 30 janvier 1996. (Depuis les dix dernières années, l'institution a profité de généreux dons de la part du musicien, appuyé entre autres par George Martin, Mark Knopfler et Glyn Johns.) Jamais le couple n'avait été vu séparé pendant un tel genre d'événement. La santé de celle-ci n'ira pas en s'améliorant au cours de la même année. D'ailleurs, lorsque Paul et Linda recevront Lifetime Achievement Awards décerné le 14 décembre à Los Angeles par le People for the Ethical Treatment of Animals, c'est par un vidéo préenregistré qu'ils feront leurs remerciements.

Submergé par la peine liée au cancer de son épouse, Paul restera sagement dans son studio de Sussex pour enregistrer d'autres chansons. *Souvenir* (19 février) et *Flaming Pie* (27 février) seront les deux chansons travaillées en février avec Jeff Lynne. On ne sait pas avec exactitude si l'inédite *Dream Come True* a été enregistrée pendant ce temps. En avril, McCartney retrouvera Carl Perkins pendant quatre jours dans le but de terminer *My Old Friend*, un véritable hommage à leur amitié. Par la suite, Paul se tournera vers d'autres interprétations classiques de ses succès, regroupant sous la forme d'un disque intitulé *Working Classical*, mis en vente plusieurs années plus tard. Ringo volera à la rescousse de son ami les 13 et 14 mai, le temps d'improviser sur *Really Love You* et *Looking for You* en plus d'imposer ses rythmes sur *Beautiful Night,* aux accents des Beatles. La composition de cette chanson remonte à 1986, et Paul la ressortira des catacombes pour la venue du batteur: «Je l'ai récupérée lorsque j'ai su que Ringo venait me rejoindre, j'ai changé quelques paroles comme dans le bon vieux temps. Immédiatement, j'ai réalisé que nous n'avions pas fait ça depuis très longtemps. Nous étions à l'aise avec l'idée, la magie était encore présente[10].» La dernière session d'enregistrement pour l'album se tiendra le 16 septembre et mettra en vedette le fils de McCartney, James. Le jeune homme de dix-neuf ans s'occupera des solos à la guitare électrique sur *Heaven on a Sunday*, une gentille ballade dont Paul fredonnera seul la mélodie. Le résultat de ce duo entre père et fils passera la rampe, à la grande fierté de Paul. Les trois semaines suivantes seront également consacrées à la production de chansons inédites.

L'année 1996 se terminera avec un événement important pour Paul: il sera anobli chevalier par la reine le 11 mars 1997 à Buckingham Palace. Si la nouvelle a été communiquée aux médias seulement le 31 décembre, Paul quant à lui avait eu le temps de préparer son discours d'acceptation. Discrètement, il se rendra le

18 décembre au LIPA pour enregistrer le matériel audio nécessaire aux journalistes le jour de l'annonce. Trop malade, Linda ne pourra assister en mars à la cérémonie de couronnement. Elle dira plus tard dans la seule entrevue qu'elle accordera: «Lorsque Paul a été anobli chevalier, il a dit que c'était fantastique puisque ça signifiait que sa copine allait devenir une comtesse. Personne ne m'appelle lady Linda ou lady McCartney. Je suis simplement Linda et il reste Paul. Bien sûr, c'est un honneur pour Paul et j'en suis fière, mais il ne me semble pas que mon fiancé est un chevalier, même s'il a toujours été un héros[11].» Lors de cette journée, le musicien dira: «Ma mère et mon père seraient extrêmement fiers de moi, et peut-être le sont-ils.»

Après une piètre année 1996, Paul repartira à la conquête de son public avec la sortie, le 5 mai en Angleterre, de *Flaming Pie*, son meilleur album depuis près de deux décennies. D'une spontanéité inédite chez McCartney, les quatorze chansons réunies formeront un amalgame cohérent. Initialement intitulé *Don't Sweat it*, le disque n'arrivera en Amérique que le 27 mai, poussant certains inconditionnels à mettre la main sur les importations japonaises du disque. Ceci sans compter que de nombreux exemplaires de promotion remis aux journalistes en février et comprenant six chansons circuleront parmi les collectionneurs. Une imposante campagne de promotion accompagnera le nouvel album et le placera à la deuxième position sur les palmarès américains, une première entrée au *top* 5 en quinze ans pour le chanteur. Les deux premiers extraits, *Young Boy* et *The World Tonight,* resteront musicalement intéressants, apppuyés par de nombreux vidéos promotionnels et de multiples entrevues, du jamais vu depuis l'époque des Wings. Car si McCartney ne fera pas une série de concerts pour promouvoir son album, il se consacrera entièrement au tournage d'émissions télévisées spéciales (*McCartney's Town Hall Meeting*) et au tournage de films dérivés des nouvelles chansons (*In the World Tonight*). Le 17 mai, il prendra également d'assaut Internet pour un *chat* unique en son genre. Environ 2,6 millions de questions seront posées par les internautes lors de cette rencontre de 90 minutes, mais Paul répondra seulement à 200 d'entre elles. Même le président des États-Unis, Bill Clinton, sera parmi les participants. Selon les calculs du webmestre, six années de travail auraient été nécessaires pour satisfaire tous les visiteurs. Le succès remporté est monstre puisque l'on ne s'attendait qu'à recevoir 300 000 questions.

Paul poursuivra sa campagne de promotion en mettant sur pied une émission radiophonique de deux heures intitulée *The Flaming Pie Radio Special*, diffusée sur les ondes américaines dès le 23 mai 1997. Enfin, cette campagne de charme se terminera le 12 septembre à New York alors que l'équipe de baseball des Mets accueillera au Shea Stadium la soirée *Flaming Pie* où des surprises et un message spécial de Paul attendront les spectateurs sur l'écran géant. Lorsqu'il a été questionné sur le succès de *Flaming Pie*, l'artiste répondra: «J'avais le sentiment que ça marcherait, même si les choses peuvent toujours se dérouler autrement. Je croyais travailler sur quelque chose de bon, et soudainement les gens ont jugé que c'était dans la moyenne. Je ne sais pas qui a raison, seul le temps le dira[12].» Une chose est certaine, à 55 ans, Paul ne se sentira pas prêt pour la retraite. Tout ce travail sera enfin récompensé en janvier 1998 lorsque Paul apprendra sa candidature aux Grammy Awards dans la catégorie «Meilleur album de l'année». Le trophée tombera cependant dans les mains de son collègue Bob Dylan, auteur du magnifique disque *Time Out of Mind*.

Pendant la sortie et la promotion de son nouvel album rock, Paul travaillera aussi sur la présentation de *Standing Stone*, sa deuxième œuvre classique d'envergure. En constante évolution depuis quatre ans, le projet verra obligatoirement le jour en 1997 pour le centième anniversaire de EMI. Il sera réalisé sans l'apport de Carl Davis, le chef d'orchestre ayant participé à la création du *Liverpool Oratorio*. En 1994, les mélodies auront tout d'abord été imaginées au piano pour être par la suite transposées sur papier par le jazzman Steve Lodder. C'était avant que Paul découvre en 1995 le logiciel informatique Cubase, permettant à tout créateur ne sachant pas écrire la musique de composer au clavier tandis que l'ordinateur retranscrit les notes. Pour l'aider dans sa tâche, David Matthews, John Harle, Richard Rodney Bennett, le producteur John Foster et le chef d'orchestre Lawrence Foster viendront l'épauler au fil des ans. Paul écrira un poème retraçant l'origine de la vie et le mystère de l'existence pour accompagner la musique. Les quatre mouvements seront pour la première fois interprétés dans leur intégralité au studio 1 de Abbey Road les 3 et 4 mars 1997 en après-midi par les 80 musiciens du London Symphony Orchestra et en soirée par les 120 chanteurs du London Symphony Chorus. Devant cet imminent succès, McCartney avancera la séance d'enregistrement au 30 avril de la même année, accélérant ainsi tout le processus. Les soixante-quinze minutes de musique seront disponibles chez les disquaires le 23 septembre en Angleterre et aux États-Unis, là où il recevra un accueil plus que chaleureux de la part du public. Pendant dix semaines, *Standing Stone* atteindra la première position sur les palmarès de musique classique et tentera une incursion dans les palmarès pop/rock. Les critiques n'abonderont pas dans le même sens, se questionnant sur les vertus musicales d'une telle œuvre. McCartney décrira son œuvre à la revue britannique *Classic FM*: «Ce n'est pas vraiment une symphonie, mais plutôt un poème symphonique. Je ne sais même pas la différence... On divise habituellement les symphonies en quatre parties et elles ne contiennent pas d'histoire. Mais si elles en ont une, on les appelle autrement... C'est pourquoi j'aime bien le terme "poème symphonique"[13].»

Un autre drame viendra s'abattre sur McCartney lorsqu'il apprendra que son ami George Harrison est atteint du cancer. C'est en jardinant que celui-ci trouvera une bosse lui bloquant la gorge. Un mois plus tard, on découvrira une tumeur cancéreuse nécessitant une opération pour retirer un nodule. Cela se fera au Windsor Hospital. Rien d'alarmant pour Harrison qui déclarera à l'été 1997 être en parfaite santé et que cette maladie était entièrement due à sa consommation de cigarettes. Fumeur invétéré, il avait arrêté tout usage de tabac depuis plusieurs années, mais il avait recommencé quelques mois avant le diagnostic. Le publiciste Geoff Baker énoncera par le biais d'un communiqué: «George est en bonne santé. Il n'y a aucune raison pour qu'il en soit autrement. Il a eu une rapide opération dans le but d'enlever une bosse sur sa gorge. Il ne pense pas au cancer et reste calme par rapport à tout cela. Pour lui, rien de tout cela n'est alarmant[14].» Paul suivra avec intérêt l'évolution de la santé de l'ex-Beatles, qui subira des traitements de radiothérapie à maintes occasions.

L'horaire de McCartney ne lui laissera pas de répit pendant tout l'automne 1997, partagé entre de nombreuses apparitions en public et à la télévision. Son retour sur scène se fera le 15 septembre au Royal Albert Hall lors d'un spectacle-bénéfice venant en aide aux victimes de l'éruption d'un volcan sur l'île de Montserrat (25 juin 1997), là où se trouve un des studios du réalisateur George Martin. Rappelons qu'une partie de l'album *Tug of War* (1982) y avait été enregistrée. Réunissant sur une même scène Eric Clapton, Phil Collins, Mark Knopfler et Ray Cooper, le concert affichera complet après que les quelque 4500 billets disponibles se sont écoulés moins de deux heures après leur mise en vente. Pour l'occasion, Paul sera accompagné du guitariste Robbie McIntosh, congédié deux ans auparavant, et du claviériste Paul «Wix» Wickens. Il y interprétera *Yesterday*, le medley *Golden Slumbers/Carry That Weight/The End, Hey Jude* et *Kansas City*. Cinq jours plus tard, le public nord-américain pourra voir le concert par le système Pay-Per-View en attendant l'inévitable sortie en format DVD.

Quelques semaines plus tard, Paul, Linda et Ringo assisteront au défilé de mode tant attendu de Stella. L'Opéra Garnier sera envahi de célébrités venues des quatre coins de la planète pour applaudir la venue de la jeune designer chez Chloé. Ce sera la dernière sortie publique du couple avant que Linda succombe à la maladie. Un autre bain de foule attendra cependant le compositeur lors de la présentation en public de *Standing Stone* au Royal Albert Hall de Londres le 14 octobre et au Carnegie Hall de New York le 19 novembre. Acclamé par les fans réunis, McCartney recevra tous les honneurs imaginables à la suite de ses deux spectacles. Décidément, toute l'attention sera tournée vers lui, une situation idéale pour la sortie en octobre chez les libraires d'une biographie autorisée par Paul. Résultat de plusieurs centaines d'heures accumulées lors de trente-cinq entrevues effectuées de 1991 à 1996 avec l'auteur Barry Miles, l'ouvrage de 512 pages voudra clarifier certaines choses, du moins, selon le point de vue de McCartney. En effet, il se fera accuser de «corriger l'histoire» concernant l'importance de John au sein des Beatles: «J'aimerais dire que John était merveilleux, absolument extraordinaire, et que je l'aimais [...]. Il était fantastique. Tout ce que je dis, c'est que j'ai également apporté quelque chose à tout cela, ce qui est souvent ignoré et ce qui m'a poussé à faire ce livre[15]», dira-t-il en guise d'introduction. Miles retracera également le parcours de McCartney pendant les années 1960, de la découverte de la drogue en 1964 dans une chambre d'hôtel new-yorkaise en compagnie de Bob Dylan jusqu'au premier joint qu'il a fumé avec Mick Jagger. Toutefois, le livre ne couvrira que la période de sa naissance jusqu'à la séparation du quatuor de Liverpool. Un peu comme si la vie s'arrêtait après les Beatles... La Recording Industry Association of America (R.I.A.A.) abondera en ce sens au cours du même mois en nommant *Yesterday* la chanson la plus diffusée sur la planète. Depuis sa parution en 1965, celle-ci aurait été jouée pas moins de 7 millions de fois sur les ondes radiophoniques, à raison de 25 fois par heure, 365 jours par année, et ce, aux États-Unis seulement!

L'époustouflante année se terminera par un mini-spectacle donné le 20 novembre au *Oprah Winfrey Show* au cours duquel il chantera *Young Boy, Lady Madonna* et *Flaming Pie.* De retour en Angleterre, Paul retournera en studio enregistrer la chanson *A Room With a View*, un hommage à Noel Coward inclus sur un disque venant en aide aux sidéens. En rémission à l'automne, Linda se sentira prête à reprendre son travail tout juste avant Noël. Après tout, son entreprise prônant le végétarisme ayant un chiffre d'affaires de 150 millions de livres, elle désirera lancer d'ici la prochaine année sa recette secrète de bacon sans viande. Elle confiera au *OK Magazine*: «Je suis de retour[16].»

Un dernier hommage

Rapidement, la santé de Linda se dégradera de nouveau en janvier, obligeant les McCartney à rester dans leur domicile de Sussex. Après quelques apparitions en public et une série d'entrevues, une rechute annoncera l'inévitable. Paul se contentera donc d'enregistrer dans son studio sa participation pour l'émission *Christopher Reeve: A Celebration of Hope*. La grande majorité des enregistrements de McCartney se feront dès lors au The Mill, son studio privé. C'est là qu'il renouera avec la musique électronique, remettant sur sa tête le chapeau du Fireman pour la conception de huit chansons, beaucoup plus réussies que celles parues en 1993 sur *Strawberries Oceans Ships Forest*. Tout le mois de janvier 1998 sera consacré à diverses expérimentations musicales qui découleront sur la magnique *Palo Verde* et sur l'inspirante *Fluid*. La sortie de l'œuvre se fera en Angleterre dès le mois de septembre de la même année sous étiquette Hydra, une filiale de EMI. Mais certains fans ignoreront l'album, fort peu médiatisé et distribué sous un nom d'emprunt.

Quelques semaines avant de mourir, au mois de mars, Linda se rendra en studio pour mettre la touche finale à quelques-unes de ses chansons. Dès le 7 mars, elle chantera une nouvelle version de *Appaloosa* avec Paul à la batterie, à la basse et aux guitares. Cette vieille composition renaîtra sous une tout autre forme, plus pop et convenant à la clientèle des radios. Le 18 mars laissera place à l'enregistrement de la chanson *The Light From Within*: «Pendant les dernières années de sa vie, nous étions dans l'obligation de faire quelques périples à Londres pour un de ses multiples traitements qu'elle devait suivre. Nous avons toujours essayé de bien utiliser ce temps. Elle et moi discutions beaucoup à propos d'un nouvel album regroupant ses chansons, et les paroles de celles-ci ont été écrites pendant cette période. Lorsque nous sommes arrivés à l'enregistrement des voix, je lui ai dit en blaguant: "Tu ne peux pas chanter cela!" Avec quelques étincelles dans les yeux, elle m'a répondu: "Tu veux parier?" Elle aimait bien l'idée que notre fils prête sa guitare pour l'occasion[17]», dira Paul. Cette dernière performance sera suivie d'un travail sur *I Got Up*, tirée des archives des Wings.

Après la session du 20 mars, Paul et Linda s'envoleront en direction de leur ranch situé à Tucson, dans l'État de l'Arizona, là où se côtoient chevaux et autres animaux. Achetée en 1979, la grande ferme totalise 150 hectares et se fait appeler Santa Barbara par les visiteurs. Linda y sera gravement malade. En effet, le cancer s'étant propagé au foie, les chances de survie deviendront de plus en plus minces. Le vendredi 17 avril à 5 h 04, à l'âge de 57 ans, elle décédera entourée de ses proches. Deux jours auparavant, elle avait fait de l'équitation en compagnie de Paul et avait appris le mariage prochain de sa fille Mary avec son copain de longue date. Le lendemain de son décès, le clan McCartney assistera à l'incinération du corps et rapportera immédiatement la moitié des cendres en Angleterre. Ce n'est qu'une fois Paul arrivé dans le Sussex que Geoff Baker annoncera la triste nouvelle aux journalistes: «Seule bénédiction, la fin est arrivée rapidement et elle n'a pas souffert.» Le 21 avril, il lira aux médias un court texte écrit par Paul: «Je suis privilégié d'avoir été son amoureux pendant trente ans, et pendant tout ce temps, à l'exception d'une seule absence forcée, nous n'avons pas passé une nuit séparément.» La police californienne posera quelques questions aux McCartney entourant la mort de Linda, pensant que le corps de celle-ci se trouvait près de Los Angeles, à Santa Barbara. En fait, le nom d'emprunt du ranch causera plus de soucis que de mal à la famille.

Le musicien sera abattu et dévasté par la mort de Linda qui non seulement était son épouse, mais également sa muse, sa plus fidèle admiratrice. Parmi les nombreux couples du domaine artistique, celui formé par Paul et Linda sera inébranlable malgré les scandales et les quelques échecs vécus. Immédiatement après l'annonce du décès, différentes personnalités politiques et artistiques livreront leurs condoléances à la famille et glisseront quelques mots sur la disparue. «Toute la sécurité de Paul reposait sur Linda. De l'avoir constamment à ses côtés était important pour lui. Il était très troublé par la séparation des Beatles, jusqu'à en devenir malade. Linda était sa couverture, sa protection. Ils s'aimaient énormément», dira l'ex-batteur des Wings Denny Seiwell à la chaîne CNN[18]. Le publiciste de Yoko Ono se contentera de dire de celle-ci qu'elle «est en véritable état de choc». Linda, artiste et militante environnementaliste, laissera derrière elle une carrière impressionnante et de nombreuses amitiés avec les gens de l'industrie. On estimera la fortune léguée à Paul à plus de 220 millions de dollars américains.

Entre-temps, Heather, Mary, Stella et James aideront Paul à traverser cette dure épreuve, poussant même le fils à partager le même lit que son père! Pas question de se présenter en public pour les McCartney. Complètement abattu par la mort de son épouse, le chanteur prendra quelques semaines de recul avant d'envisager un service funéraire. Il demandera cependant que tout don soit fait à des organismes venant en aide aux gens atteints du cancer. Ce n'est que le 8 juin 1998 que 650 invités pourront rendre un dernier hommage à Linda à l'église St. Martin-in-the-Fields. On comptera parmi les gens présents Peter Gabriel, Pete Townshend, Elton John, Sting, George Martin, Neil Aspinall, Robbie McIntosh et Paul «Wix» Wickens. George, Ringo et leur famille respective accompagneront leur ami aux premiers rangs de l'église. Pour amorcer la cérémonie de 90 minutes, le refrain de *Mull of Kintyre* sera chanté, suivi de la lecture d'un poème de Spike Milligan. Paul chantera également *Let it Be* et fera entrer dans l'église les deux poneys de Linda, Tinsel et Schnu. Enfin, on fera également entendre une version orchestrale de la pièce *Linda*, un cadeau donné en 1986 par le musicien pour le 45e anniversaire de son épouse.

Des milliers de lettres de condoléances seront envoyées à la famille, incitant Paul à publier un message de remerciement le 22 mai dans le *New York Times*.

Un autre hommage sera rendu le 22 juin à la Riverside Church de New York devant environ 400 personnes. Yoko Ono brillera par son absence, ironiquement remplacée pour l'occasion par May Pang. La veuve de Lennon n'aurait tout simplement pas été invitée par le clan McCartney selon le magazine *Time*[19]. Celle-ci répliquera assez violemment en faisant un don de 100 000 $ à Victim Services, une organisation venant en aide aux femmes et aux enfants battus, au nom de Linda McCartney. Chrissie Hynde des Pretenders , Neil Young, Laurence Juber et Steve Holly feront partie de la cérémonie. Des centaines de fans de Linda se réuniront devant l'église, assistant à leur manière à l'événement. Ils seront aux premières loges pour l'entrée sur le parvis d'un Appaloosa, cheval de prédilection de Linda que l'on avait fait venir expressément du Texas.

The Long and Winding Road

Dans le but avoué d'exorciser la peine qui l'afflige, McCartney passera l'été 1998 au studio Hog Hill à réunir les cinquante minutes de musique comprises sur le futur album solo de Linda. Il mixera les seize titres de *Wide Prairie* en compagnie de l'ingénieur de son et compagnon de longue date Geoff Emerick. On retrouvera parmi ceux-ci la presque totalité de l'œuvre de la disparue, en récupérant le tube *Seaside Woman*, la chanson des Wings *Cook of the House*, les inédites *New Orleans, Mister Sandman, Endless Days* et *Oriental Nightfish* ainsi que les récentes *Appaloosa* et *The Light Comes From Within*. Cette dernière sera par ailleurs bannie par la BBC, qui jugera certaines paroles offensantes pour un jeune public. L'album verra le jour en magasin dès le mois d'octobre suivant, jouissant d'une excellente campagne de promotion. L'ultime hommage comprendra même la parution d'un livre regroupant les partitions de toutes les chansons.

Une célébration viendra quelque peu diminuer la douleur de Paul. En effet, le 26 septembre, sa fille Mary (âgée de 27 ans) prendra pour époux le réalisateur Alistair Donald à l'église St. Peter and St. Paul. Enceinte de deux mois, la mariée donnera naissance à Arthur Alistair Donald le 3 avril 1999. Le futur grand-père jouera le rôle du chauffeur qui amènera les fiancés à l'autel tandis que Stella sera la dame d'honneur et son frère James le garçon d'honneur. Ce mariage constituera pour le musicien une forme de renaissance et lui redonnera le goût, dans les jours suivants, de se plonger dans divers projets. Pendant qu'il laissera au couple nouvellement marié la possibilité de travailler sur un documentaire traçant un portrait des Wings (le futur *Wingspan*), McCartney ressurgira le 2 octobre derrière l'habit du Fireman pour un mini-spectacle en direct sur Internet (www.fire-man.com). Devant encore une fois des centaines de milliers d'internautes, il présentera le travail de l'album *Rushes*. Le tout se fera à partir du studio 1 d'Abbey Road. Les visiteurs seront si nombreux que tout le réseau sera congestionné et menacera de s'effondrer. Vraiment, Internet servira bien la musique de l'ex-Beatles, qui y est très sollicité. Il n'hésitera pas à répéter l'expérience avec, cette fois-ci en décembre, la promotion de *Wide Prairie*. En quatre-vingts minutes seront présentés la recette de pommes de terre en purée de Linda, ses photographies et quelques vidéoclips de ses chansons[20]. Le message sera clair: *Go Veggie!* Pendant ce même mois, il travaillera sur le deuxième disque de l'édition 25ᵉ anniversaire du classique *Band on the Run* (1973) et pour lequel Eddy Pumer interviewera le chanteur des Wings et lui demandera d'exécuter quelques versions acoustiques des chansons de l'album. Également au menu, une version classique de plusieurs de ses chansons. Déjà, le titre *Working Classical* sera annoncé chez les disquaires.

McCartney revisitera son passé pendant l'année 1999, renouant avec une époque un peu plus heureuse. Après un séjour aux États-Unis pour encourager le travail de sa fille Heather, il reprendra le concept élaboré en 1987 avec l'album *CHOBA B CCCP* en réservant en mars et en mai le studio 2 d'EMI. Il y travaillera sur une version revue et corrigée de vieilles chansons plus ou moins connues de légendes du rock. Cette fois-ci, le chanteur demandera l'aide de David Gilmour (guitare), Mick Green (guitare), Pete Wingfield (claviers) et Ringo Starr (batterie) pour interpréter ses souvenirs d'adolescence. Toutefois, Ringo déclinera l'invitation et sera remplacé par Ian Paice du groupe Deep Purple pour les sessions allant du 1ᵉʳ au 5 mars: «Pendant plusieurs années j'ai pensé faire un album de rock'n'roll. Linda et moi en parlions souvent, elle aimait l'idée que je chante des classiques que les Beatles n'ont pas faits. En organisant le projet, je me rappelais que les premières sessions d'enregistrement avec les Beatles se déroulaient d'une certaine façon. On devait être en studio pour 10 h et préparer nos instruments pour 10 h 30. Pendant les trois heures suivantes, nous devions faire deux chansons puis, après le repas, deux autres. Pour ce disque, j'ai réservé le studio 2 d'Abbey Road pour une semaine et appelé quelques amis. Avec tous mes souvenirs en mémoire, nous avons travaillé de la même manière que les Beatles. En cinq jours, nous avions 19 chansons sur bande[21]!» On se réappropriera pour la cause les chansons *Fabulous* (Charlie Gracie), *I Got Stung* (Elvis Presley), *Coquette* (Fats Domino), *Shake a Hand* (Little Richard), *Movie Magg* (Carl Perkins),

Honey Hush (Johnny Burnette), *Lonesome Town* (Ricky Nelson), *Brown Eyed Handsome Man* (Chuck Berry), *No Other Baby* (The Vipers), *She Said Yeah* (Larry Williams) et *Blue Jean Bop* (Gene Vincent). Ces titres obscurs surprendront les musiciens-invités, qui ne reconnaîtront pas leur origine. McCartney profitera de l'occasion pour enregistrer deux rocks de son cru, *Run Devil Run* et *What It Is*, ne laissant aucunement transparaître ses 56 ans...

Avant de reprendre les sessions d'enregistrement en mai, cette fois-ci avec Dave Mattacks et Geraint Watkins en remplacement de Paice et Wingfield, Paul aura enfin droit à son introduction au Rock'n'Roll Hall of Fame et à une réédition le même jour d'une version 25e anniversaire du classique *Band on the Run*. Cinq ans après Lennon, il recevra le 15 mars 1999 tous les honneurs au Waldorf Astoria Hotel. Billy Joel, Bruce Springsteen, George Martin et Dusty Springfield seront également récompensés. Parmi les artistes présents, Elton John, Eric Clapton, Lou Reed, Jimmy Page, Bono et Julian Lennon applaudiront les récipiendaires avant que Neil Young présente un McCartney visiblement nerveux et qui n'avait pas préparé de discours avant son entrée sur scène. Il invitera par contre sa fille Stella à le retrouver sur scène, celle-ci arborant fièrement un chandail avec l'inscription *About Fucking Time* sur le devant et *15/3/99* à l'arrière. Les remerciements de Paul seront incohérents et très brefs, le chanteur se contentant de dire: «Ce que je veux dire. En fait, ce que NOUS voulons dire... J'aime le rock'n'roll parce qu'il m'a donné la vie. Hmmm, en passant, pendant que nous sommes ici, vous m'avez nommé aujourd'hui, comme vous l'avez fait avec John. À quand le tour de George et Ringo? Allez, les potes! J'aime le rock'n'roll. Que puis-je dire? J'aime Cleveland parce que cette ville m'a donné la mère de Linda. J'adore New York parce qu'elle m'a donné Linda. Bref, j'aimerais tous vous dire merci beaucoup et ah! celui-ci est pour toi bébé [Linda][22].» Après une prestation de trois chansons, *Blue Suede Shoes, What I'd Say* et *Let it Be*, environ 200 représentants des médias attendront le tandem pour une drôle de conférence de presse: six questions seulement pourront être posées par les journalistes. Seule la demande d'un commentaire sur l'essence de l'œuvre photographique de Linda intéressera le musicien, celui-ci préférant sans aucun doute l'ambiance de la fête donnée par la suite au trentième étage de l'hôtel qu'il ne quittera qu'à 2 h 30. Certains invités l'auraient croisé en compagnie d'une femme, inconnue pour la plupart. C'est ce qui alimentera les rumeurs publiées en avril 1999 par le *Daily Mail Report*, stipulant que McCartney aurait retrouvé l'amour dans les bras de Sue Timney (âgée de 52 ans), une amie de longue date de Linda. Immédiatement, on niera la nouvelle, Paul allant même jusqu'à dire que jamais il ne pourra remplacer l'amour de sa vie. La relation entre Timney et McCartney serait restée strictement professionnelle.

L'arrivée en magasin au même moment d'une nouvelle édition de l'album *Band on the Run* en contentera plus d'un. «Remasterisée» par Greg Calibi et Geoff Emerick au Sterling Sound, elle offrira en plus des dix chansons originales sur le premier disque, un historique complet de la production. Sous la direction de Sir Paul et d'Eddy Pumer (*Oobu Joobu*), le projet comprendra des entrevues de: Clive Arrowsmith, James Coburn, Al Coury, Geoff Emerick, Dustin Hoffman, Denny Laine, Christopher Lee, Tony Visconti et Michael Parkinson, ayant tous contribué au succès de l'album. On fouillera même pour l'occasion dans les archives pour ressortir des versions inédites de *Bluebird* (Australie – 1975), *Jet* (Berlin – 3 septembre 1993), *Let Me Roll it* (Cardington – 5 février 1993) et *Picasso's Last Words* (acoustique). Les fans auront même droit à un coffret cartonné, toujourst fidèle à la pochette originale de l'album pour couronner le 25e anniversaire.

La peinture et le rock'n'roll occuperont Paul une bonne partie de l'année, ce qui lui permettra d'apaiser sa peine. La première prestation sur scène de Paul à la suite du décès de Linda se fera le 10 avril 1999 au Royal Albert Hall en hommage à celle-ci et intitulée *Here, There and Everywhere — A Concert for Linda*. Organisé par Chrissie Hynde, l'événement consistera en une série d'interprétations des chansons des Beatles et mettra en vedette George Michael, Crowded House, Neil Finn, Marianne Faithfull et Tom Jones. Au grand plaisir du public, Paul chantera trois chansons, *Lonesome Town, All my Loving* et *Let it Be*. Pourtant, quelques mois auparavant, McCartney avait affirmé à la presse ne plus jamais vouloir remonter sur une scène à cause du vide immense causé par la perte de sa partenaire musicale. Un autre projet du genre, intitulé *A Garland for Linda*, regroupera dix compositions de musique classique et viendra en aide à la recherche sur le cancer. Paul sera absent à la session d'enregistrement du disque, trop occupé à faire la promotion de *Run Devil Run*, son nouveau disque des classiques du rock.

Paul fera un vernissage de ses œuvres dans la ville de Siegen à partir du 1er mai, et ce, jusqu'au 25 juillet 1999 au Lÿz Art Forum. Le 30 avril, il donnera une conférence de presse en Allemagne dans le but de présenter son travail: une rétrospective de quinze ans de peintures comprenant plus de 70 œuvres créées depuis 1983. Si ses tableaux n'auront rien de chefs-d'œuvre, ils représenteront l'évolution du musicien et refléteront ses diverses tendances. L'exposition jouira d'un certain succès et permettra à McCartney de s'expliquer plus amplement sur cette passion qu'il cultive depuis longtemps. Pour accompagner le projet, un livre tout simplement intitulé *Paintings* permettra à ses fans de mettre la main sur des reproductions de ses toiles et sur une série d'entrevues reliées à la peinture. En entrevue avec le *Sunday Times*, l'artiste dira: «Toutes les formes d'art peuvent coexister. Léonard de Vinci a terminé sa carrière en tant que musicien de la cour, peut-être pourrais-je terminer la mienne en tant que peintre... Je ne veux pas rester un artiste pop, je m'intéresse à beaucoup trop de choses. C'est un de mes problèmes[23].»

C'est une fois son exposition lancée que McCartney rencontrera celle qui deviendra sa deuxième épouse, Heather Mills, une ex-mannequin âgée de 31 ans. Reconnue pour ses nombreuses campagnes venant en aide aux amputés de guerre, Heather sera elle-même amputée d'une partie de la jambe gauche à la suite d'un accident: elle avait été fauchée par la motocyclette d'un policier. Elle racontera sa vie dans *Out on a Limb*, un livre publié en 1995 où on en apprendra plus sur son enfance malheureuse et ses nombreux déboires familiaux[24]. Elle rencontrera informellement le musicien au mois de mars 1999 (treize mois après la mort de Linda) au cours d'une cérémonie tenue au Dorchester Hotel de Londres et récompensant certaines œuvres de charité. Paul sera immédiatement fasciné par sa présentation, sans toutefois oser l'aborder avant le mois de mai suivant: "Je croyais que c'était une blague lorsque j'ai entendu sa voix par courriel disant: "Âllo, Paul McCartney à l'appareil, je voudrais aider votre organisme..."», dira-t-elle au magazine américain *People*[25]. Paul s'empressera par la suite de faire un don de 240 000 $US au Heather Mills Health Trust. Étonnamment, la jeune femme quittera le caméraman Chris Terrill en juillet, deux semaines avant leur mariage prévu depuis des lustres. Ce ne sera pas la première fois que Mills agira de la sorte: elle s'était mariée, à 21 ans, avec un homme d'affaires multimillionnaire de 42 ans (Alfie Karmal); une fois divorcée pour cause d'adultère, elle se retrouvera avec un moniteur de ski slovaque, puis se fiancera en 1993 avec le banquier italien Raffaele Mincione. En 1995, elle répétera l'expérience avec l'éditeur anglais Marcus Stapleton, moins de seize jours après l'avoir connu. Avec les années, l'animatrice-reporter-comédienne se fera prénommer «Gold Digger» par les mauvaises langues, la «pelleteuse d'or» s'intéressant un peu trop aux gens riches et célèbres selon certains. Mais, en entrevue, la principale intéressée remettra les pendules à l'heure: «Si je voulais entretenir une relation amoureuse avec n'importe quelle personne qui a de l'argent, je le ferais avec quelqu'un de plus riche que Paul McCartney[26].»

Quelque temps après sa rencontre avec le musicien, elle lui demandera de participer à la chanson *Vo!ce*, pour le bénéfice de son organisme. Pour diminuer les incessantes rumeurs, Paul dira au *Independent Television News* (le 18 octobre): «Ça pourrait arriver que je redevienne amoureux, je ne sais pas. Je ne travaille pas vraiment là-dessus, je laisse les choses se dérouler naturellement.» Nombreux seront les efforts pour préserver le secret de cette relation nouvelle et McCartney refusera de se faire photographier en compagnie de l'activiste lors du lancement de *Vo!ce* en novembre 1999. Sur tous les clichés tirés de l'événement, jamais on ne voit McCartney aux côtés de son amoureuse.

Mais en janvier, ils se retrouveront lors de vacances au soleil, à l'insu de James, d'Heather, de Mary et de Stella. En mars 2000, la relation sera dévoilée publiquement pour que cesse le harcèlement des paparazzis. Les enfants de Paul seront sous le choc d'apprendre que leur père rompt une promesse qu'il ne cessait de répéter à chaque entrevue. Ce sera seulement dans le numéro de décembre 2001 du *Rolling Stone Magazine* que Paul expliquera les réels débuts de sa liaison: «Lorsque j'ai rencontré Heather pour la première fois, je me suis dit que je ne pouvais me permettre de regarder d'autres femmes. Le syndrome de l'homme marié, j'imagine. Mais j'en ai parlé à Linda et elle m'a communiqué certains messages me disant que c'était correct. Il y avait d'étranges circonstances métaphysiques qui semblaient vouloir dire certaines choses. Des bruits d'oiseaux, d'animaux, par exemple. Je me posais une question en regardant les étoiles et un hibou dans la vallée émettait un bruit. Je me suis donc mis à sortir avec Heather et, inévitablement, je suis tombé amoureux. J'ai ensuite pensé faire un nouvel album[27].»

Rock'n'roll

Si les Beatles ressusciteront, en septembre, avec une réédition de l'album *Yellow Submarine*, Paul ne sera pas en reste en mettant sur le marché deux disques de son cru. Fruit de nombreuses séances d'enregistrement en octobre 1998, l'album *Working Classical* verra enfin le jour un an plus tard, soit à l'automne 1999, en même temps que l'album de Ringo, *I Wanna Be Santa Claus*. Ce disque classique proposera des interprétations de chansons tirées du répertoire de McCartney par le Loma Mar Quartet. Musique d'ascenceur ou nouvelles versions, *Junk, My Love, Maybe I'm Amazed, Golden Earth Girl, Warm and Beautiful, She's my Baby* et *The Lovely Linda* auront été sélectionnées pour l'occasion. Sous la direction de Lawrence Foster, le London Symphony Orchestra réarrangera *A Leaf* et *Spiral*, deux autres pièces classiques effectuées après la création de *Standing Stone*. Étrangement, cette sortie en magasin de *Working Classical* suivra de quelques jours seulement celle de *Run Devil Run*, constitué de quinze classiques du rock immortalisés à nouveau par la voix étonnamment puissante de McCartney. Dans le but d'augmenter les ventes de cet autre disque, le chanteur passera l'automne à en faire la promotion dans différents studios de télévision britannique. Il visitera successivement quatre plateaux de tournage, créant un immense engouement de la part du public. Accompagné par ses nouveaux partenaires, Paul entonnera, entre autres, *Honey Hush, No Other Baby, Party* et *Brown Eyed Handsome Man* aux émissions *Later... With Jools Holland* (BBC2 – 6 novembre), *Red Aller With The National Lottery* (BBC1 – 13 novembre), *The Apocalypse* (Sky One – 20 novembre) et *Parkinson* (BBC1 – 3 décembre).

Ces quelques apparitions, transformées en véritables séances de répétitions, mèneront au grand retour de McCartney au Cavern Club de Liverpool le 14 décembre 1999, plus de vingt-cinq ans après la prestation des Beatles le 3 août 1963. Si le lieu historique a été détruit en 1973 pour laisser place à un stationnement souterrain (jamais construit), la réplique permettra à 300 fans de retrouver l'ex-Beatles dans la même ambiance que celle qui a permis l'éclosion du célèbre quatuor. La quantité limitée de billets obligera les producteurs à organiser une loterie pour remettre gratuitement les laisser-passer. Pour son 281ᵉ concert à cet endroit, McCartney sera accompagné par Gilmour, Wingfield, Green et Paice. Les musiciens en mettront plein la vue avec onze titres de *Run Devil Run* et une reprise de *I Saw Her Standing There* et *Twenty Flight Rock*. Si le concert de 45 minutes sera diffusé en direct et en différé sur différentes stations radiophoniques et télévisuelles, c'est sur Internet que les fans feront grimper l'audimat, rejoignant 3,5 millions de visiteurs. Tous ces ordinateurs congestionneront de nouveau le système et bloqueront l'accès à d'autres amateurs. Devant un tel succès, on autorisera de nombreuses reprises et on supervisera la sortie d'un DVD de l'événement.

Un autre événement viendra troubler le quotidien de Paul deux jours avant la venue du nouveau millénaire. Luttant toujours contre le cancer, George Harrison sera attaqué le 30 décembre dans sa résidence de Friar Park par un certain Michael Abram. La lame du couteau de l'assaillant s'enfoncera dans l'abdomen du musicien, laissant une blessure d'une profondeur de 2,5 cm. La femme de Harrison, Olivia, réussira à assommer l'attaquant à l'aide de la lampe de chevet. Il s'en faudra de peu pour que l'ex-Beatles trouve la mort prématurément. Cet événement fera rejaillir le spectre de l'assassinat de Lennon.

Chapitre IX

Les Beatles pour toujours?
(2000-2002)

Amoureux, nouvellement teint en brun pour cacher des cheveux gris qu'il arborait fièrement il y a quelques années à peine et très inspiré, le fougueux McCartney passera l'année 2000 à se promener aux quatre coins de la planète, répétant à la télévision américaine son grand amour pour Heather Mills. Il annoncera différents projets, comme la publication d'un futur recueil de poésie, et fera de nombreuses apparitions dans différents galas. Depuis la mort de Linda, le chanteur décidera enfin de jouir de la vie et de laisser de côté la vie de l'artiste tourmenté par les ventes décevantes de son dernier album. Il profitera amplement de la nouvelle vague d'engouement pour les Beatles, créée par la sortie d'une autobiographie de 360 pages et de l'album *1*, et préparera tranquillement son prochain disque en solo.

En janvier, McCartney se rendra avec sa famille à Cuba dans le but d'étudier, en compagnie de Jose Aquiles et de Rene Urquijo, la musique traditionnelle du pays; un excellent prétexte pour prendre quelques jours de vacances afin d'aller rejoindre en toute discrétion sa nouvelle flamme. Les nombreux endroits visités feront les manchettes, McCartney étant le premier Beatles à visiter l'île. Suivra une autre visite aux États-Unis pour que Paul puisse introduire le musicien James Taylor au Rock'n'Roll Hall of Fame de New York. Ce sera avant la grande annonce de George Harrison voulant qu'une future collaboration avec son ami lui plairait beaucoup: «Je suis très excité à l'idée de retravailler sur un nouvel album, et je dois dire que l'aide de Paul serait appréciée. J'ai entendu dire qu'il a fait quelques tubes par le passé[1]», dira-t-il. Ce revirement de situation surviendra après qu'Harrison eut été attaqué, l'incitant à mettre de côté ses vieilles rancunes et à renouer avec McCartney. Contre toute attente, il annoncera que son retour sur disque pourrait se faire à l'automne 2000. On se souviendra que les deux musiciens n'avaient pas partagé les mêmes sentiments lors de la production de l'anthologie des Beatles...

Dans les mois qui suivront, Paul viendra en aide à son ami Peter Blake, qui a besoin d'une musique spécialement conçue pour son exposition intitulée *About Collage*. Pour l'occasion, Cian Ciaran du groupe The Super Furry Animals et Youth rejoindront McCartney en studio pour rassembler et mixer divers extraits musicaux. On fouillera dans les vieilles bandes des Beatles pour y retrouver des sons et des idées lancées par Ringo, John et George. Les fans seront ravis d'entendre quelques blagues lancées lors des sessions d'enregistrement tenues entre 1963 à 1969 par le groupe. McCartney n'hésitera pas à construire cinq pièces musicales à partir de celles-ci. En fait, ce qui deviendra *Liverpool Sound Collage* (le 21 août 2000 sous étiquette Hydra) est une réunion informelle des Beatles en format «électro-transe». Pour les plus familiers, ces 55 minutes de musique ressembleront beaucoup à la pièce *Revolution 9* (*White Album* des Beatles) réalisée par John Lennon et Yoko Ono.

L'automne fera encore place aux Beatles, sortant coup sur coup le 5 octobre le livre *The Beatles Anthology*, comprenant plus de 1200 photos, et le 14 novembre l'album *1*. Les deux œuvres recevront un accueil sans précédent, dépassant toute attente sur le plan des ventes. L'immense autobiographie sera le fruit de trois années de travail pour lesquelles Paul, Ringo et George se sont réunis pour discuter de leur passé commun. Si l'ouvrage consiste en bonne partie en un simple recyclage d'entretiens déjà entendus dans le documentaire télévisuel de dix heures, il permettra aux membres survivants de donner leur version officielle de l'histoire du groupe. Mais on peut se permettre de douter de la véracité de certains faits, McCartney souhaitant sans aucune doute que le public ne soit pas au courant des anecdotes les plus sombres de son passé. En effet, tout au long du livre, l'image des gentils garçons sera préservée et la mémoire de John fidèlement rapportée. Toutefois, pour certaines personnes, une telle lecture permettra une excellente initiation dans l'univers fabuleux et tumultueux des Beatles. Paul racontera avec soin la fameuse journée du 6 juillet 1957, date de la première rencontre avec le jeune Lennon: «Les Quarry Men étaient tellement impressionnés de me voir chanter et jouer à la guitare *Twenty Flight Rock*. Cette chanson m'a permis de faire réellement partie de ce qui deviendra plus tard les Beatles[2].» De plus, il en profitera pour réaffirmer que ce n'est pas lui qui a mis fin au groupe, mais bien John. Les centaines de photographies inédites seront reproduites avec soin et rendront ce recueil essentiel pour les fans. Même vendu au coût de 60 $US, l'anthologie disparaîtra rapidement des tablettes des libraires. Et dire que ceux-ci avaient déjà commandé plus de 1,5 million d'exemplaires avant sa sortie...

Le disque *1* sera tout aussi recherché. Celui-ci regroupera 27 chansons ayant atteint la première position sur les palmarès pendant la carrière du groupe, dont *Love Me Do, Yesterday, Day Tripper, Penny Lane* et *Get Back*. Pour l'occasion, les bandes originales seront «remasterisées» en résolution 24 bits et, par la suite, en 16 bits pour le transfert sur disque compact à partir du système Prism SNS Noise Shaping. Le travail de Peter Mew à Abbey Road Studios sera impeccable, redonnant toute la splendeur aux enregistrements originaux. D'ailleurs, le manque de clarté que l'on reprochait aux éditions en disque compact du catalogue des Beatles sera résolu grâce à ce procédé. De plus en plus, on se rapprochera de l'impeccable sonorité des versions initiales parues sur disques vinyle. Dès sa première semaine de sortie, l'album deviendra numéro 1 sur le plan des ventes, totalisant 3,6 millions d'exemplaires. Quatorze jours plus tard, ce chiffre augmentera à 12 millions et permettra aux Beatles de devenir le groupe ayant vendu le plus de disques en quelques jours seulement. À ce jour, 24 millions d'exemplaires de ce disque ont été vendus. Le site Internet www.thebeatles.com est toujours en ligne, afin de donner plus d'explications sur les titres de l'album et de rendre accessibles quelques photographies.

Dans tout ce tourbillon, Paul s'amusera le 19 octobre au VH1 Vogue Fashion Awards tenu au Madison Square Garden de New York lors de la remise du titre de designer de l'année à sa fille Stella. Pour l'occasion, il la taquinera en portant fièrement un t-shirt arborant l'inscription *About Flippin' Time*, parodiant ainsi l'inscription *About Fuckin' Time* que Stella avait portée lors de l'entrée de son père au Rock'n'Roll Hall of Fame. Le jour même, il tenait une séance de clavardage où les internautes ont pu lui poser maintes questions sur sa peinture.

Après avoir été vu en train de s'embrasser à plusieurs reprises, le nouveau couple multipliera par la suite les entrevues. Quelques instants après avoir confié à l'animatrice Carol Vorderman sur les ondes de la télévision nationale: «Je l'aime», Heather Mills ne pourra s'empêcher de dire lors d'une entrevue diffusée sur ITV et accordée à l'émission *Stars in Their Lives:* «J'ai toujours rêvé d'un chevalier avec une armure, quelqu'un de romantique. Je n'ai jamais fréquenté des hommes pour leur fortune, mais pour leur côté romantique. Paul est l'homme le plus romantique que j'aie rencontré[3].» Elle répétera l'expérience sur les ondes de ABC à l'émission *20/20* de Barbara Walters. Les rumeurs d'un éventuel mariage circuleront...

Le retour de Wings

Après avoir annoncé la sortie prochaine d'un documentaire intitulé *Wingspan*, Paul se rendra en Inde pour un séjour de quelques semaines dans la ville de Jaipur, située dans l'État de Rajasthan. Il quittera le pays tout juste avant qu'un terrible tremblement de terre cause d'irréparables dommages. Il aura eu l'occasion pendant ses vacances d'écrire quelques chansons dont *Lonely Road, I Do* et *About You* qui paraîtront sur son prochain album. De fait, il réservera le Henson Recording Studio de Los Angeles du16 février au 2 mars, fuyant la morosité de l'hiver à Londres. À la réalisation, David Kahne — à la place du collègue de travail de longue date Geoff Emerick — se chargera de trouver de nouveaux musiciens pour servir les desseins de Sir Paul, faisant appel notamment aux musiciens américains Rusty Anderson (guitares), Abe Laboriel Junior (batterie) et Gabe Dixon (claviers). McCartney aurait tout simplement appelé Kahne après avoir entendu les disques de Sugar Ray et Sublime. Encore une fois, la méthode de travail privilégiée sera celle adoptée par les Beatles il y a plus de 38 ans. Paul racontera: «J'ai dit à Dave (Kahne) d'amener ses musiciens en studio tout en sachant que si les sessions de travail ne donnaient pas les résultats espérés, je jouerais tous les instruments... Je me suis donc rendu à Los Angeles pour rencontrer trois musiciens et un réalisateur que je ne connaissais pas. Mais dès la première journée, tout s'est bien déroulé[4].» De s'embarquer dans une telle aventure donnera une quantité impressionnante de chansons, pour la plupart médiocres. McCartney semblera oublier qu'il n'a pas à ses côtés des musiciens de l'envergure de David Gilmour, de Mick Green ou de Robbie McIntosh. La recette, «travailler vite pour obtenir de meilleurs résultats», ne fonctionnera pas nécessairement avec le guitariste dont la feuille de route comprend des collaborations avec Dido, The New Radicals et Elton John. En effet, pour retrouver la magie de *Flaming Pie*, il aurait fallu que McCartney soit responsable de tous les instruments, à l'image de ses plus grands albums. Quatorze des seize chansons de l'album *Driving Rain* seront enregistrées pendant cette première session; elles n'auront pris que quelques heures à être complétées. D'emblée, *Lonely Road, About You* et *Riding Into Jaipur* verront le jour le 16 février, suivies de *She's Given up Talking* et *I Do* le lendemain. À ce rythme, plus de 18 titres seront finalisés en moins de trois semaines. McCartney retournera à Los Angeles en juin pour travailler sur *Your Loving Flame* (19 juin), *Vanilla Sky* et quelques inédites dont *Washington, You Are Still Here, Always Be There* et *If This Is Wrong*. Le musicien repartira avec un total de 25 chansons, amplement pour sortir un album double.

En avril, Paul publiera *Blackbird Singing*, une anthologie de poèmes et de paroles de chansons. Les 185 pages offriront un regard neuf sur la prose d'un artiste qui n'a jamais été reconnu pour la profondeur de ses textes. Pour justifier la sortie d'un tel ouvrage, McCartney reparlera de ses connaissances passées. En entrevue, il n'hésitera pas à parler de son amitié pour le poète Allen Ginsberg et ses nombreuses contributions aux différents mouvements d'avant-garde. Pour la cause, il offrira différentes lectures publiques de son ouvrage et organisera sa première séance de signature en Amérique au magasin Barnes & Noble, situé dans le Rockfeller Center de New York. Des milliers de fans se donneront rendez-vous à 12 h 30 à la librairie pour voir et entendre leur idole. Bien peu repartiront avec une précieuse signature.

Parallèlement, le 8 mai 2001 sortira en magasin l'anthologie *Wingspan*. L'album double regroupera pas moins de 42 chansons du défunt groupe. Plus de deux heures trente de musique seront habilement compilées pour offrir sur le premier disque les grands succès (*Band on the Run, Live and Let Die, Mull of Kintyre*) et sur le second certaines chansons moins connues du répertoire de McCartney (*Daytime Nighttime Suffering, Heart of the Country, Junk, Tomorrow*). Un excellent travail de renumérisation de Peter Mew et Geoff Emerick régalera les néophytes. Offerte à prix réduit, la compilation jouira d'un accueil très favorable du public, encaissant des ventes appréciables, chose rare depuis plusieurs années pour un disque de McCartney. *Wingspan* occupera dès sa première semaine de sortie la deuxième position sur le *top* 200 du *Billboard*. En juillet, la compilation permettra à McCartney de recevoir son 21e disque d'or (500 000 disques vendus aux États-Unis) de la RIAA et d'afficher des ventes de 2 millions de copies dans le monde entier. Pour souligner l'événement, un documentaire de deux heures, fruit de trois ans de travail et réalisé par Mary McCartney, sera diffusé sur diverses chaînes télévisées. Le film jouira de plusieurs rediffusions et sortira en format DVD quelques mois plus tard. Avant ce succès, on prévoira même la sortie d'un coffret de chansons inédites au mois de décembre suivant: «Du matériel tiré de nos sessions effectuées avec les Wings au Institute of Contempory Arts en prévision d'une émission de télévision sera compris dans ce coffret d'inédits. Ce sera un gros cadeau de Noël qui ne devrait pas nuire à la sortie du nouvel album. Enfin, si ma compagnie de disques pense autrement, je l'écouterai[5]», dira McCartney au magazine *Billboard* en février 2001. Mais les ventes de *Wingspan* ne permettront pas la mise en marché du boîtier, EMI préférant encore promouvoir la compilation pour la période des fêtes au lieu de mettre en concurrence deux produits du même artiste.

Tandis que McCartney savourera son triomphe, Harrison défraiera les manchettes à l'été à la suite de multiples visites en clinique. En Suisse, il recevra des traitements de radiothérapie dans le but d'éliminer de nouvelles tumeurs qui sont apparues cette fois au cerveau. Le musicien demandera à son public de ne point s'inquiéter, que son état de santé est loin d'être alarmant. Il se réfugiera en Italie en prenant bien soin d'éviter toute rencontre avec la presse, ce qui amènera le pourtant réputé portail Yahoo! d'annoncer faussement son décès dans ses pages, causant un certain émoi dans la communauté artistique. Harrison niera évidemment la nouvelle et en sera profondément choqué. Paul ne commentera pas la nouvelle lorsqu'il annoncera publiquement ses fiançailles avec Heather.

La fin d'un monde

Pendant le reste de l'année 2001, Paul sera profondément touché par deux événements tragiques: les attentats du 11 septembre à New York et la mort de George Harrison le 29 novembre. Comme des millions d'autres personnes, il sait que le monde ne sera plus jamais le même.

Lorsque le premier avion s'écrasera sur l'une des deux tours du World Trade Center vers 8 h 50, McCartney et sa fiancée seront à bord de leur avion privé en attente que la piste se libère pour décoller. Tous les deux se rendaient négocier les derniers détails d'un concert qui devait se donner à Moscou au mois d'octobre suivant. Lorsque le pilote annoncera la nouvelle, McCartney se doute bien qu'il devra passer les prochains jours dans la métropole américaine et annuler tout spectacle sur la Place Rouge. Au lieu de rester devant la télévision pour assister aux derniers développements de la situation, il rendra visite aux pompiers de la ville pour leur livrer quelques mots d'encouragement: «Ces gens m'ont rappelé que mon père était pompier pendant la guerre. Il ne m'en a jamais parlé parce que cette génération-là n'en discutait jamais... Tout ceci m'a fait penser à lui parce qu'il se rendait dans des édifices en feu. J'ai donc voulu faire quelque chose pour ces nouveaux héros[6].» C'est ainsi que dans un communiqué de presse publié le 21 septembre, il indique qu'il y aura un spectacle-bénéfice pour commémorer l'événement. Le prix des billets, mis en vente quelques jours auparavant, grimpera jusqu'à 10 000 $US. Dans la rue, les prix augmenteront davantage. *The Concert for New York* aura lieu le 20 octobre suivant dans un Madison Square Garden bondé, réunissant de grandes pointures de la musique. Mick Jagger, Eric Clapton, Elton John, David Bowie, Bon Jovi, les Backstreet Boys, John Mellencamp chanteront sur scène tandis que certains acteurs — Jim Carrey, Harrison Ford et Meg Ryan — feront les présentations. McCartney chantera pour sa part *I'm Down, Lonely Road, From a Lover to a Friend, Yesterday, Let it Be* et une nouvelle composition intitulée *Freedom*, une sorte d'hymne à la liberté rappelant la démarche du *Give Peace a Chance* de John Lennon et Yoko Ono. La soirée sera un véritable succès, amassant des millions de dollars pour venir en aide aux familles des quelque 300 pompiers décédés.

Dès lors, on sentira le désir de Paul de repartir sur la route pour une importante tournée de concerts, la première depuis neuf ans. Pour ce faire, il sortira en grande pompe l'album *Driving Rain* le 13 novembre suivant, regroupant au total seize titres dont la nouvelle *Freedom*. En effet, à la toute dernière minute, les disques EMI décideront d'ajouter celle-ci à la suite de son succès remporté au Madison Square Garden. Le premier extrait radio devait être *From a Lover to a Friend*, mais il sera vite remplacé par cet hymne à la liberté. McCartney présentera son nouvel album avec fierté, encouragé par ses récents succès: «Je pense que le premier mot qui me vient à l'esprit à propos de cet album est "frais". Il est très rafraîchissant, spontané... À chaque session, je disais aux musiciens tout en courant dans les escaliers: “Donnez-moi dix minutes pour finir cette chanson, elle n’a pas encore de milieu.” Les gens m’ont dit qu’ils ne s’attendaient pas à ça de moi, ce qui est bien[7].» Les critiques accueilleront positivement ce nouvel effort, mais le public sera de moins en moins nombreux à se le procurer en magasin. Seulement 320 000 exemplaires s’envoleront au cours des quatre mois suivants...

La mort de George Harrison à l’âge de 58 ans viendra ternir les célébrations entourant la sortie de *Driving Rain*. C’est le 12 novembre que Ringo et Paul iront retrouver leur ami pour une dernière fois à Los Angeles. La réunion permettra aux musiciens d’échanger quelques souvenirs dont celui de la perte de la virginité de George à Hambourg dans un hôtel où les quatre Beatles logeaient. Une fois l’acte accompli, le jeune homme se serait fait applaudir par ses collègues. Toutefois, Ringo Starr devra partir après le dîner pour aller rejoindre sa fille de 31 ans, également traitée pour des tumeurs cancéreuses au cerveau, tandis que Paul restera auprès de la famille Harrison pendant l’après-midi. Celui-ci avouera à la télévision norvégienne avoir tenu les mains du malade pendant deux heures. En paix, Harrison fera tout pour que ses derniers jours se déroulent dans le silence, allant jusqu’à engager le spécialiste en sécurité Gavin de Becker. Le 19 novembre, il décidera d’arrêter sa lutte contre le cancer à la suite d’une séance de chimiothérapie dévastatrice au UCLA Medical Center. Une dernière visite, celle de Ravi Shankar (81 ans) et de sa famille, deviendra l’ultime hommage et le dernier chapitre d’une longue amitié.

Le 29 novembre 2001 s’éteindra vers 13 h 30 à l’âge de 58 ans un des plus grands musiciens du siècle dernier. Jusqu’aux derniers instants, l’artiste attendra la mort avec humour, allant même jusqu’à composer la chanson *Brainwashed*, qui sera d’ailleurs le titre de son prochain album. (NDLR: ce disque a paru à l’automne 2002.) Au total, plus de 25 nouvelles chansons auront été finalisées par le guitariste quelques mois avant sa mort. Le lendemain de son décès, un service funéraire réunira des amis de longue date dont Tom Petty, Tom Hanks et Yoko Ono. Bob Dylan sera absent, lui qui a été l’idole de George Harrison depuis le début des années 1960 et membre des Traveling Wilbury. Partout sur la planète, différents hommages seront rendus et une minute de silence demandée par la veuve aura lieu. Les célèbres magazines *Time* et *Rolling Stone* consacreront la première page de leur édition à l’ex-Beatles. McCartney commentera ainsi la disparition de son ami, avec beaucoup de tristesse: «Nous étions tous dévastés par la nouvelle. Il est profondément triste de perdre une personne aussi extraordinaire. Heureusement, Heather (Mills) et moi l'avons rencontré quelques semaines auparavant. Sans George, rien n'aurait été possible. Il me manque beaucoup et je l'aimerai toujours, il était mon petit frère[8].»

Drivin' USA

Malgré tout, Paul reprendra le chemin de la scène en se produisant le 11 décembre à Oslo lors du 100e anniversaire du prix Nobel de la paix. Lentement, il préparera sa prochaine tournée en compagnie des musiciens engagés pour l'enregistrement du dernier album, Abe Laboriel Jr. (batterie) et Rusty Anderson (guitare) ainsi que du nouveau venu Brian Ray (guitare et basse). Pour l'occasion, Paul «Wix» Wickens reprendra du service après avoir été remercié sept ans plus tôt. Toutefois, ce ne sera qu'à la suite de son interprétation de la chanson *Freedom* lors du 36e Super Bowl le 3 février 2002 que Paul annoncera officiellement son intention de reprendre la route. Les dates de *Drivin' USA* seront divulguées le 28 février suivant au grand plaisir des fans nord-américains. Aucune date européenne ne figurera sur la liste. Prévoyant ne faire que 12 concerts en Amérique, McCartney ajoutera des supplémentaires devant l'offre intéressante de quatre millions de dollars américains pour deux spectacles seulement au MGM Grand de Las Vegas. Ceux-ci rapporteront 5,6 millions aux producteurs. D'ailleurs, à la fin de la tournée, vingt-sept concerts auront été donnés à la suite d'autres offres faramineuses. Est-ce par pur plaisir ou pour rejoindre les rangs des vedettes les plus en vue que le chanteur se lancera dans une telle aventure? La tournée devant débuter le 1er avril à Oakland et se terminer le 18 mai à Fort Lauderdale passera par San Jose, Chicago, Boston, Washington, New York et Detroit. Heather Mills accompagnera constamment son futur mari. Seule date canadienne, Toronto sera visitée le samedi 13 avril. Malgré une fortune évaluée en janvier 2002 à 1,5 milliard de dollars, ce seront des motifs financiers qui traceront l'itinéraire de l'artiste. *Le Journal de Montréal* rapportera dans son numéro du 19 avril que la garantie de 1 million de dollars américains exigée par McCartney empêchera les producteurs de présenter de nouveau l'artiste à Montréal, alors que certains grands groupes comme U2 exigent un maigre 150 000 $US. Aux guichets, on demandera entre 95 $US et 185 $US par billet (250 $CAN à Toronto), presque le triple du montant exigé lors de la dernière tournée. Pour Las Vegas, sa liste de prix variera entre 125 $US et 350 $US selon l'emplacement des sièges. Malgré cela, les 75 000 premières places mises en vente s'écouleront en moins de 30 minutes. Un succès sans précédent qui donnera raison à McCartney d'abandonner toute visite en Europe et d'adopter l'expression *less is more* pour rentabiliser au maximum les opérations.

Malgré les profits accumulés, à peine 80 personnes travailleront sur cette tournée, deux fois moins qu'en 1989 et en 1993, tandis que les superbes programmes auparavant offerts gratuitement seront vendus au coût de 35 $US. Paul expliquera au *Chicago Tribune* cette flambée des prix: «J'ai compris que c'était le montant exigé pour un tel type de spectacle. Je demande toujours à mon promoteur: "Combien Madonna demande-t-elle? Ding! Combien pour Elton John? Ding! Et U2? Ding!" On me donne toujours des chiffres dans cet ordre de grandeur. C'est donc ce que je demande tout en essayant d'être le moins cher possible. Je ne suis pas Barbra Streisand et je n'essaie pas de profiter de la situation. Je déteste avoir à vous avouer que je croyais que les billets se vendaient encore 40 $US. Je suis de l'ère préhistorique et laisse aux organisateurs le soin d'arranger tout ça. J'imagine que j'ai beaucoup d'argent, mais les promoteurs doivent en faire. Vous savez, je m'en fous de faire de l'argent[9].» Dans ce même entretien, il avouera ne pas avoir l'intention d'inviter Yoko Ono pour le concert prévu au Madison Square Garden de New York et que cette tournée ne serait certainement pas sa dernière.

Avant de s'embarquer à bord de *Drivin' USA*, Paul se produira à la cérémonie des Oscars du 24 mars. Il interprétera pour l'occasion la chanson du film *Vanilla Sky*, une première candidature à l'Académie depuis la sortie en 1973 de *Live and Let Die*. Basée sur une mélodie simpliste et composée en moins de dix minutes, elle sera en compétition avec des chansons de Sting, d'Enya, de Diane Warren et de Randy Newman. McCartney perdra au profit de ce dernier; il émettra le commentaire suivant à la suite de sa défaite: «Cette année, avec ce qui s'est passé aux États-Unis, je crois que c'était important de voir des Américains gagner. Je ne les blâme pas, je ne leur prendrai pas ce moment de bonheur. Si j'étais un membre américain du jury, ce qui est le cas de la majorité participante, j'encouragerais les États-Unis.»

Le 1er avril, les 15 000 fans réunis au Oakland Arena retrouveront un Paul McCartney débordant d'énergie dans un concert de plus de deux heures trente. En première partie, un spectacle d'une quinzaine de minutes mettra en vedette dix-neuf artistes de cirque et la musique du Fireman — très intéressant de juxtaposer de magnifiques chorégraphies à cette musique électronique. Le spectacle-hommage de McCartney consistera en l'interprétation de vingt et une chansons des Beatles sur les 38 comprises au menu. Seulement quatre des seize chansons de l'album *Driving Rain* seront présentées. Épaulé par des musiciens sans couleur et rappelant un des multiples groupes accompagnant Elton John, Paul chantera *Jet, All my Loving, Band on the Run, Yesterday, Maybe I'm Amazed* et d'autres chansons maintes fois entendues en concert. Seules véritables nouveautés, Paul lancera *Getting Better, Mother Nature's Son, Here Today* et *Something* en hommage à son défunt collègue. La liste des chansons interprétées restera immuable (mis à part *Mull of Kintyre* chantée à Toronto) pendant toute cette première partie de la tournée. Les critiques seront unanimes, le chanteur de 59 ans n'a rien perdu de son charme et sait encore combler son public. Sans véritables artifices, le spectacle misera strictement sur le répertoire connu et apprécié par quelques générations.

Une des rares conférences de presse de la tournée se tiendra à Toronto, quelques minutes à peine avant le début du concert prévu à 20 h. Convoqués à 16 h 30, les journalistes devront patienter jusqu'à 19 h avant de pouvoir poser quelques questions au musicien, occupé à divers tests de son en compagnie des joueurs de cornemuse invités pour interpréter *Mull of Kintyre*. Sans véritable intérêt, il répondra pendant une quinzaine de minutes aux interrogations portant sur les Beatles et sur son retour sur scène. Plutôt en mode relations publiques, McCartney quittera hâtivement la salle de presse en signant avec lassitude quelques souvenirs tendus par les gens présents. Les 16 000 spectateurs réunis au Air Canada Center verront cependant un Paul McCartney flamboyant et visiblement heureux d'être sur scène. Le lendemain, le *Toronto Sun* donnera une note presque parfaite à la prestation.

Lorsque la tournée s'arrêtera en mai, McCartney pourra se féliciter d'avoir comblé 407 000 personnes en un peu plus d'un mois. Dans son numéro du 1er juin, le magazine *Billboard* annoncera que le *Drivin' USA Tour* a été la tournée la plus rentable de l'année, accumulant 53 millions de dollars américains en recettes[10]. Brad Wavra de Clear Channel Entertainment (CCE) avouera, lors d'un entretien, que des pourparlers étaient en cours dans le but de prolonger la tournée à l'automne.

Ces annonces de prolongation de la tournée américaine se feront quelques jours avant le mariage de Paul avec Heather Mills en Irlande, le 11 juin, soit près deux mois après une dispute majeure entre eux où la bague de fiançailles de l'ex-mannequin sera lancée de la fenêtre d'une chambre d'hôtel de Miami. Le quotidien *USA Today* rapportera que selon Geoff Baker, aucun engagement n'avait été signé entre les mariés dans le but de protéger la fortune de l'ex-Beatles[11]. Dave Gilmour, Ringo Starr, Twiggy et Chrissie Hynde feront partie des rares invités au château Leslie. Toutefois, les organisateurs spécifieront que seulement 30 personnalités connues avaient été conviées dans le domaine construit au XVIIe siècle et que l'événement avait surtout pour but de rassembler les deux familles. Des centaines de journalistes venus des quatre coins de la planète couvriront l'événement de l'année. On estimera que le coût du mariage variera entre 735 000 $ et 1,47 million de dollars, la chaîne CNN l'estimant même à 3 millions de dollars. C'est sans compter que les tourtereaux feront un voyage de noces dans une île tropicale située à dix heures d'avion de Londres. C'est à l'ouest de l'océan Indien et près du continent africain que McCartney et Heather trouveront refuge dans une chambre louée à 2000 $ par nuit.

Mary et Stella McCartney s'opposeront férocement à la tenue d'un tel mariage, quatre ans après la mort de leur mère. La designer refusera de confectionner la robe de la mariée et n'adressera pas la parole à sa nouvelle belle-mère pendant toute la cérémonie. Une dispute surgira au sujet de la rupture de la promesse faite par Paul de toujours conserver au doigt la bague donnée par Linda. En effet, le veuf la retirera pour son deuxième mariage, causant tout un émoi chez ses enfants. Si les deux sœurs quitteront la cérémonie trois heures avant le reste des invités, celles-ci ne feront pas éclater au grand jour leur mécontentement. Leur père pourra finir ses jours en paix, sa famille fermera les yeux sur cette situation.

En juillet 2002, on ajoutera vingt-trois concerts supplémentaires pour l'automne lors d'une tournée intitulée *Back in the U.S.*, une suite de *Drivin' USA*. En entrevue, McCartney trompera ses fans en disant que cette tournée débutant le 21 septembre et se terminant le 29 octobre visera exclusivement les villes non visitées lors de la première tournée. Parmi les 22 endroits, sept auront déjà accueilli le spectacle au printemps précédent. Boston et Chicago auront droit respectivement à trois représentations, montrant bien l'intention des producteurs d'amasser le plus d'argent possible. Une belle surprise attendra cependant les fans japonais qui apprendront que trois concerts seront prévus les 11, 12 et 13 novembre 2002 au Tokyo Dome, amphithéâtre d'une capacité de 43 500 personnes. Deux autres représentations seront ajoutées les 17 et 18 novembre au Osaka Dome. Avec ces nouvelles dates, Paul entendra bien conserver son titre de spectacle le plus lucratif de l'année et ainsi surpasser la tournée des Rolling Stones qui s'est amorcée le 3 septembre 2002... à Boston. En novembre, on confirmera que la tournée de McCartney aux États-Unis aura rapporté 100 millions de dollars. Des dates en Amérique latine seront éventuellement ajoutées, mais l'Europe devra attendre 2003. En plus de la tournée *Back in the U.S.*, notons la réédition de son recueil de poèmes *Blackbird Singing: Poems and Lyrics* et la mise en marché de l'album photo *Wingspan: Paul McCartney's Band on the Run*, qui ont été mis en vente en octobre 2002. De plus, un album double de 35 chansons enregistrées lors de la dernière tournée sortira le 26 novembre. Le cadeau par excellence pour les fans. Enfin, sous le nom de Heather Mills McCartney, la jeune épouse de Paul a publié au cours du même mois une autre biographie de 350 pages intitulée *Single Step*. Elle y raconte encore sa tragédie, ainsi que son travail pour différentes œuvres humanitaires[12].

McCartney à 60 ans

Pas question de s'arrêter en 2003 pour McCartney. Après les deux tournées fructueuses de la précédente année, il est constamment prêt à reconquérir de nouveaux publics que ce soit par de nouveaux disques, des concerts et des publications de toutes sortes. À quoi doit-on s'attendre d'un compositeur aussi prolifique? Probablement à certains futurs classiques et à d'autres fiascos monumentaux auxquels il nous a habitués au fil des ans. Mais les fans s'intéresseront toujours à lui, ce qui justifie sans doute la sortie, en janvier 2003, d'un ouvrage de 1216 pages tout simplement intitulé *The Paul McCartney Encyclopedia*[13]. S'il se fait de moins en moins original, c'est sûrement par souci d'en faire le plus possible dans un minimum de temps. Le sexagénaire sentirait-il le poids du temps passé, courant après une éternelle jeunesse et s'imposant un rythme de travail effréné? Une chose est certaine, l'héritage musical qu'il laissera est imposant et a déjà influencé des millions de personnes. Paul McCartney: un immortel du rock. Les amateurs attendent cependant le retour du vrai McCartney, celui qui réussira à interpréter des mélodies hors du commun et aventureuses. Un McCartney curieux, innovateur et surtout désireux de pondre une musique pour les mélomanes, non pour les nostalgiques des années 1960. Le bassiste ressortira-t-il enfin sa Rickenbaker 4001 pour donner des spectacles époustouflants où le matériel produit pendant son impressionnante carrière solo sera enfin mis en valeur? Car de vivre dans le passé pourrait bien éteindre la flamme qui animait le compositeur de jadis...

Terminé pendant la canicule de l'été 2002

Plateau Mont-Royal – Montréal (Québec)

Notes

Chapitre I

1. Collins, Andrew. «Meet the New P.M.», dans la revue *Q*, juin 1997, p. 119.
2. Savage, Jon. «Private on Parade», dans le magazine *Mojo, Beatles Special Edition*, 90 000 exemplaires en circulation, avril 2002, p. 83.
3. Sutherland, Steve. «Film Theme Confusion», dans *New Musical Express – Uncut Presents The Beatles (1962-1970)*, volume 1, numéro 1, mars 2002, p. 113.
4. *Ibid*, p. 116.
5. Harry, Bill. *The McCartney Files*, Éditions Virgin, 1986, p. 13. ISBN: 0 86369 157 9.
6. McCartney, Paul. *Wingspan: An Intimate Portrait*, documentaire de 120 minutes, Capitol Records, 2001, code 7 243 4 77909 9 7.
7. «The Ballad of Paul & Linda», dans le magazine *US*, 19 février 1990, numéro 122.
8. Lewisohn, Mark. *The Beatles Recording Sessions,* Harmony Books, New York, première réimpression, 1990, p. 197. ISBN: 0-517-58182-5.
9. Madinger, Chip & Easter, Mark. *Eight Arms To Hold You – The Solo Beatles Compendium*, publié par 44.1 Productions, Chesterfield (Missouri), p.154.
10. Du Noyer, Paul. «Alone, Again, Or», dans le magazine *Mojo*, juillet 2001, p. 60.
11. Beatles, The. *The Beatles Anthology*, Chronicle Books, San Francisco, 2000, p. 351. ISBN 0-8118-2684-8.
12. Badman, Keith. *The Beatles – After the Break-Up (1970-2000)*, Omnibus Press, Londres, 1999, p. 5. ISBN: 0 7119.7520.5.

Chapitre II

1. Meryman, Richard. «Paul McCartney talks about the Beatles Breakup and His New Life», dans *Life Magazine*, 16 avril 1971, volume 70, numéro 14.
2. Conte, Christophe. «All You Need is Ram», *Les Inrockuptibles,* du 12 au 18 juin 2001, numéro 294, p. 38.
3. *Wingspan* CD Sampler 2001 (EMI CD LRL 048).
4. http://www.paulmccartneyram.hpg.ig.com.br/entretenimento/17/index_int_10.html
5. Goldberg, Danny. «A New Sound for a New Team: Paul and Linda McCartney», dans le magazine *Circus*, août 1971, volume 5, numéro 8, p. 32.
6. Humphries, Patrick. «The Other Side of Paul McCartney», dans le magazine *Record Collector*, mai 2001, numéro 261, p. 28.
7. Benson, Ross. *Paul McCartney – Behind the Myth*, Victor Gollancz Ltd., Londres, 1992, p. 231.
8. Timothy Swallow. «Listen To What The Man Said», dans le magazine *Gold – The Magazine for International Men,* juin 1978, numéro 6, p. 12.
9. Humphries, Patrick. «The Other Side of Paul McCartney», dans le magazine *Record Collector*, mai 2001, numéro 261, p. 28.
10. Programme officiel *Wings over Europe,* 1972.
11. Harry, Bill. *The McCartney Files*, Éditions Virgin, 1986, p. 119. ISBN: 0 86369 157 9.0.
12. Ducourant, Bruno. «Wings Over Europe», dans le magazine *Extra*, septembre 1972, numéro 22, p. 28.
13. Welch, Chris. *Paul McCartney – The Definitive Biography*, Proteus Publishing Compagny, New York, 1984, p. 60. ISBN: 0 86276 126 3.
14. Gaar,Gillian G. «Flight Plan: Wing's 10-Year Journey», dans le magazine *Goldmine*, 2 novembre 2001, volume 27, numéro 22, édition 555, p. 15.
15. *Wingspan* CD Sampler 2001 (EMI CD LRL 048).

Chapitre III

1. *Wingspan* CD Sampler 2001 (EMI CD LRL 048).

2. Gross, Edward. *Paul McCartney – 20 Years on his Own*, Pioneer Books, Las Vegas (Nevada), février 1990, p. 37. ISBN: 1-55698-227-5.

3. Pascall, Jeremy. *Paul McCartney & Wings*, Chartwell Books Inc., Londres, 1977, p. 44. ISBN 0-89009-125-0.

4. *Band on the Run – 25th anniversary edition* (EMI CDP 7243 4 99176 2 0).

5. Gaar, Gillian G. «Flight Plan: Wing's 10-Year Journey», dans le magazine *Goldmine*, 2 novembre 2001, volume 27, numéro 22, édition 555, p. 16.

6. *Band on the Run – 25th anniversary edition* (audio) (EMI CDP 7243 4 99176 2 0).

7. *Band on the Run – 25th anniversary edition* (livret) (EMI CDP 7243 4 99176 2 0).

8. *Band on the Run – 25th anniversary edition* (audio) (EMI CDP 7243 4 99176 2 0).

9. White, Timothy. *Rock Lives*, Owl, New York, 1990, p. 139.

10. *Band on the Run – 25th anniversary edition* (audio) (EMI CDP 7243 4 99176 2 0).

11. *Wingspan* CD Sampler 2001 (EMI CD LRL 048).

12. Welch, Chris. *Paul McCartney – The Definitive Biography*, Proteus Publishing Compagny, New York, 1984, p. 84. ISBN: 0 86276 126 3.

13. Baily, Jerry; Ziart, Eve. «McCartney in Nashville for 3Rs», *The Tennessean*, 7 juin 1974, p. 1 et 12.

14. Hance, Bill. «McCartneys Draw Squeals at Opryland», *The Nashville Banner*, 17 juin 1974, p. 17.

15. Bailey, Jerry. «Paul & Linda Try the Gentle Life», *The Tennessean*, édition du 18 juillet 1974, p. 67 et 70.

16. Gross, Edward. *Paul McCartney – 20 Years on his Own*, Pioneer Books, Las Vegas (Nevada), février 1990, p. 45. ISBN: 1-55698-227-5.

17. Adam Block, «The Macca Material», dans le magazine *McCartney – Beatle on the Wings,* 1976, p. 63.

18. Fong-Torres, Ben. «Yesterday, Today and Paul», *Rolling Stone Magazine*, numéro 215, 17 juin 1976, p. 42.

19. Leblanc, Jacques. *Lennon McCartney*, Jacques Grancher éditeur, Paris, p. 121.
20. Welch, Chris. *Paul McCartney – The Definitive Biography*, Proteus Publishing Compagny, New York, 1984, p. 93. ISBN: 0 86276 126 3.
21. Pascall, Jeremy. *Paul McCartney & Wings,* Chartwell Books Inc., Londres, 1977, p. 59. ISBN 0-89009-125-0.
22. Humphries, Patrick. «The Other Side of Paul McCartney», dans le magazine *Record Collector,* mai 2001, numéro 261, p. 32.
23. Gelly, David. *The Fact about a Pop Group*, G. Whizzard Publications, Londres, 1976, p. 6.
24. Pascall, Jeremy. *Paul McCartney & Wings*, Chartwell Books Inc., Londres, 1977, p. 81. ISBN 0-89009-125-0.
25. Peacock, Steve. «Paul McCartney», dans la revue *Gallery*, août 1976, p. 43.
26. Rockwell, John. *McCartney's Tour Starts Triumphantly,* mercredi 5 mai 1976.
27. Welch, Chris. *Paul McCartney – The Definitive Biography*, Proteus Publishing Compagny, New York, 1984, p. 109. ISBN: 0 86276 126 3.
28. Fong-Torres, Ben. «Yesterday, Today and Paul», *Rolling Stone Magazine*, numéro 215, 17 juin 1976, p. 64.

Chapitre IV

1. Conte, Christophe. «All You Need Is Ram», dans *Les Inrockuptibles*, 12 au 18 juin 2001, numéro 294, p. 40.
2. Gross, Edward. *Paul McCartney – 20 years on his Own*, Pioneer Books, Las Vegas (Nevada), février 1990, p. 59. ISBN: 1-55698-227-5.
3. Bonici, Ray M. «Abbey Road», dans la revue *Rock and Folk*, février 1978, numéro 133, p. 72.
4. Giuliano, Geoffrey, *Blackbird: The Life and Times of Paul McCartney*, Dutton/Plume, octobre 1991.
5. Balfour, Brad et Horide, Rosie. «Capt. McCartney's Tropical Caper», dans le magazine *Circus*, mai 1978, numéro 182, p. 28.
6. Harry, Bill.*The McCartney Files,* éditions Virgin, 1986, p. 47. ISBN: 0 86369 157 9.
7. Welch, Chris. *Paul McCartney – The Definitive Biography*, Proteus Publishing Compagy, New York, 1984, p. 122. ISBN: 0 86276 126 3.

8. Leigh, Spencer. «Paul McCartney & Wings», dans la revue *Record Collector*, février 1993, numéro 162, p. 22.

9. Bonici, Ray M. «Abbey Road», dans le magazine *Rock and Folk*, février 1978, numéro 133, p. 76.

10. Gambaccini, Paul. «A Conversation with Paul», dans *Rolling Stone Magazine*, 12 juillet 1979, numéro 295, p. 45.

11. *Paul McCartney and Wings, Eggs Up — The Alternate Back to the Egg album*, Cage Records, England, 1989.

12. Gambaccini, Paul. «Wings Comes to TV», dans le magazine *Circus Weekly*, 20 mars 1979, numéro 215, p. 31.

13. Gaar, Gillian G. «Flight Plan: Wing's 10-Year Journey» dans le magazine *Goldmine*, 2 novembre 2001, volume 27, numéro 22, édition 555, p. 19.

14. Bonici, Ray M. «Un Beatles en hiver», dans le magazine *Rock & Folk*, numéro 158, mars 1980, p. 85.

15. *Musician/Player & Listener*, numéro 26, août 1980.

16. Bonici, Ray M. «Un Beatles en hiver», dans le magazine *Rock & Folk*, numéro 158, mars 1980, p. 86.

Chapitre V

1. Harry, Bill. *The McCartney Files*, Éditions Virgin, 1986, p. 42. ISBN: 0 86369 157 9.

2. P. PH. «L'ancien Beatles arrêté», dans *Le Monde*, 22 janvier 1980, numéro 10 877.

3. Welch, Chris. *Paul McCartney - The Definitive Biography*, Proteus Publishing Compagny, New York, 1984, p. 128. ISBN: 0 86276 126 3.

4. Collectif, *Paul McCartney live in Japan '80*, Éditions Yarijobé, Japon, 1980, p. 76 et 96.

5. Benson, Ross. «Two Days After», dans *The Japan Times*, 29 janvier 1980.

6. Gross, Edward. *Paul McCartney - 20 years on his Own*, Pioneer Books, Las Vegas (Nevada), février 1990, p. 68. ISBN: 1-55698-227-5.

7. Leblanc, Jacques. *Lennon McCartney*, Jacques Gaucher éditeur, Paris, 1981, p. 121.

8. Bonici, Ray. «Paul McCartney Flying», dans le magazine *Music Express*, avril/mai 1982.

9. *London Times*, «Music is Therapy to Me says Sir Paul», 25 avril 1997.
10. Badman, Keith. *The Beatles – After the Break-Up (1970-2000)*, Omnibus Press, Londres, 1999, p. 283.
11. Fallowell, Duncan. «Paul McCartney Today? A Content and Wealthy Daddy», dans le *Chicago Tribune*, 14 octobre 1984, section 13, p. 6.
12. McCartney, Paul. *Here Today*, tiré de l'album *Tug of War* (PCT 259), EMI, 1982.
13. Bonici, Ray. «Paul McCartney Flying», dans le magazine *Music Express*, avril/mai 1982.
14. Benson, Ross. *Paul McCartney – Behind the Myth*, Victor Gollancz Ltd., Londres, 1992, p. 260.
15. McCartney, Paul. *Paintings*, Bulfinch Press, 2000, Allemagne, p. 30.
16. Harry, Bill. *The McCartney Files*, Éditions Virgin, 1986, p. 119. ISBN: 0 86369 157 9.
17. Henke, James. «Can Paul McCartney Get Back?», dans le *Rolling Stone Magazine*, 15 juin 1989, numéro 554, p. 48.
18. Goodman, Joan. «Playboy Interview: Paul and Linda McCartney», dans le magazine *Playboy*, décembre 1984, p. 99.
19. Laine, Jo-Jo. «The Private World of Paul McCartney», dans le magazine *Hustler*, édition internationale, juillet 1985, p. 56.
20. McCartney, Paul. «True of False?» dans le programme *The New World Tour*, MPL, 1993, p. 52.
21. Gross, Laura. «The Paul McCartney Interview», dans *International Musician and Recording World*, janvier 1985, p. 21.
22. Gross, Edward. *Paul McCartney – 20 years on his Own*, Pioneer Books, Las Vegas (Nevada), février 1990, p. 79. ISBN: 1-55698-227-5.
23. McCartney, Paul. *The Paul Mcartney World Tour*, programme de la tournée 1989-1990, MPL, 1989, p. 91.

Chapitre VI

1. Loder, Kurt. «Paul McCartney», dans le *Rolling Stone Magazine*, 11 septembre 1986, numéro 482, p. 48.
2. McCartney, Paul. *Press to Play* (dossier de presse), MPL, août 1986.
3. White, Timothy. «Farewell to the First Solo Era», dans le magazine *Musician*, février 1988, numéro 112, p. 46.

4. Pollock, Bruce. «Twelve Authors in Search of a Beatles», dans *Playing Keyboard*, février/mars 1990, p. 57.
5. Henke, James. «Can Paul McCartney Get Back?», dans *Rolling Stone Magazine*, 15 juin 1989, numéro 554, p. 44.
6. De Curtis, James. «After The Beatles», dans *Rolling Stone Magazine*, 17 janvier 2002, numéro 887, p. 42.
7. McCartney Paul, tiré du disque *Press Conferences Rome & London 1989*.
8. White, Timothy. «One for the Road», dans *Rolling Stone Magazine*, 8 février 1990, numéro 571, p. 44.
9. *The Paul McCartney World Tour, Part I Europe*, A Marshall Arts Ltd. Presentation in association with MPL, p. 31. (Guide remis à l'intention des membres de la tournée – tirage de 300 exemplaires.)
10. Tiré d'un entretien effectué le lundi 5 août 2002 avec Sylvie Brunetta, relationniste.
11. Tiré d'un entretien effectué le lundi 5 août 2002 avec Sylvie Brunetta, relationniste.
12. Paul McCartney, *The New World Tour*, programme de la tournée 1993, p. 32.
13. Madinger, Chip & Easter, Mark. *Eight Arms To Hold You – The Solo Beatles Compendium*, publié par 44.1 Productions, Chesterfield (Missouri), p. 322.
14. Paul McCartney, *The New World Tour*, programme de la tournée 1993, p. 34.

Chapitre VII

1. Paul McCartney, *The New World Tour*, programme de la tournée 1993, p. 44.
2. Rancé, Christiane. «McCartney Maestro!», dans la revue *Figaro*, édition du 5 juillet 1991, p. 29.
3. Paul McCartney, *The New World Tour*, programme de la tournée 1993, p. 65.
4. Voir le site http://www.fire-man.com
5. Thomson, John Ellis. «Ten minutes with Paul McCartney», dans *CD Plus Compact Disc Catalogue*, été/printemps 1993, p. 6.

6. Madinger, Chip & Easter, Mark. *Eight Arms To Hold You – The Solo Beatles Compendium*, publié par 44.1 Productions, Chesterfield (Missouri), p. 371.

7. McCartney, Paul. *Driving USA*, programme de la tournée 2002, MPL Communications.

Chapitre VIII

1. De Curtis, James. «After the Beatles», dans *Rolling Stone Magazine*, 17 janvier 2002, numéro 887, p. 43.

2. Lewisohn, Mark. *The Beatles Recording Sessions*, Harmony Books, New York, première réimpression, 1990, p. 195.

3. *Beatles Monthly*, numéro 220, août 1994 (Beat Publications Ltd.).

4. Collins, Andrew. «Meet the New P.M.», dans le magazine *Q*, juin 1997, p. 113.

5. Lewisohn, Mark. «Interview with Paul McCartney», dans *Club Sandwich*, été 1996, numéro 78.

6. Madinger, Chip & Easter, Mark. *Eight Arms To Hold You – The Solo Beatles Compendium*, publié par 44.1 Productions, Chesterfield (Missouri), p. 378.

7. Madinger, Chip & Easter, Mark. *Eight Arms To Hold You – The Solo Beatles Compendium*, publié par 44.1 Productions, Chesterfield (Missouri), p. 378.

8. McCartney, Paul. Commentaires tirés du 45 tours *Young Boy* (Parlophone 7243 8 83876 2 0).

9. Farley, Christopher John. «Gray in a Golden Voice», dans *Time Magazine*, 9 juin 1997, volume 149, numéro 23.

10. McCartney, Paul. Tiré du livret de l'album *Flaming Pie*, EMI 7243 8 56500 4.

11. Wakeford, Debbie. «Linda McCartney – Here Come the Sun», dans le *OK Magazine,* 6 mars 1998, numéro 100.

12. McCormick, Neil. «If I Fell», dans la revue *Guitar World*, octobre 1997.

13. Collins, Andrew. «From Beatles to *Standing Stone*», dans *Classic FM Magazine*, août 1997.

14. The Associated Press, «Ex-Beatles George in Cancer Scare», le 2 juillet 1997, Londres.

15. Miles, Barry. *Paul McCartney: Many Years From Now*, Henry Hott & Compagny Inc., 512 p. ISBN: 0805052488.

16. Wakeford, Debbie. «Linda McCartney – Here Come the Sun», dans le *OK Magazine*, 6 mars 1998, numéro 100.

17. McCartney, Paul. Tiré de la pochette de l'album *Wide Prairie*, Capitol CDP 7243 4 9 97910 2 2.

18. Commentaires de Denny Seiwell, CNN, le 20 avril 1998.

19. Luscombe, Belinda. «People», dans le magazine *Time*, version américaine, 13 juillet 1998, volume 152, numéro 2.

20. http://www.webevents.broadcast.com/mccartney/

21. *Paul McCartney Run Devil Run Interview with Laura Gross*, entrevue promotionnelle de 23 minutes, EMI, RDR INT006.

22. *Paul's Induction Rock'n' Roll Hall of Fame*, le lundi 15 mars 1999, retranscription de Jorie Gracen. Macca-central.com.

23. Gerard, Jasper. «McCartney to Publish Collection of his Poetry», dans le *Sunday Times*, 3 septembre 2000.

24. Mills, Heather. *Out on a Limb*, réédition par Little Brown and Compagny, août 1996. ISBN: 0751516015.

25. Collectif, «Starting Over», dans le magazine *People*, 3 avril 2000, p. 109.

26. *Paul @ Voice Video Premier*, BBC, le 23 novembre 1999.

27. DeCurtis, Anthony. «Paul McCartney – People of the Year», dans *Rolling Stone Magazine*, numéro 883/884, 6-13 décembre 2001, p. 117.

Chapitre IX

1. «Paul to Record With George Again», Associated Press, le 21 mars 2000.

2. Beatles, The. *The Beatles Anthology*, Chronicle Books, San Francisco, 2000, p. 20. ISBN 0-8118-2684-8.

3. Morgan, Maggie. *The Daily Express*. Source: www.macca-central.com

4. Forman, Bill. «I Queried Paul», dans le magazine *Pulse!*, décembre 2001, p. 76.

5. White, Timothey. «Paul McCartney on His Silly Love Songs», *Billboard magazine*, 17 mars 2001.

6. McCartney, Paul. *Driving USA*, programme de la tournée 2002, MPL Communications.

7. «Paul McCartney: Getting Better all the Time», dans *Reader's Digest*, novembre 2002.

8. Goodman, Fred. «And in the End», dans *Rolling Stone Magazine*, 17 janvier 2002, numéro 887, p. 16.

9. Kot, Greg. «McCartney on the Record About Ticket Prices, Drugs and Harrison», dans le *Chicago Tribune*, 10 avril 2002, p. 1.

10. Waddell, Ray. «McCartney», édition du 1er juin 2002.

11. Barker, Olivia et Oldenburg, Ann. «McCartney, Hills Get Hitched», dans le *USA Today*, 12 juin 2002.

12. McCartney Mills, Heather. *Single Step*, Warner Books, octobre 2002, 350 p. ISBN: 0446531650.

13. Harley, Bill. *The Paul McCartney Encyclopedia*, Virgin Publishing, janvier 2003, 1216 pages. ISBN: 0753507161.

Discographie solo et avec Wings (1966-2002)

Voici la liste complète des albums produits par Paul McCartney au cours de sa carrière.

The Family Way **(1966)** – Paul McCartney & George Martin

Treize variations de la pièce *Love in the Open Air.*

Réédition japonaise en disque compact.

McCartney **(1970)** – Paul McCartney

The Lovely Linda/That Would Be Something/Valentine Day/Every Night/Hot as Sun Glasses/Junk/Man We Was Lonely/Oo You/Momma Miss America/Teddy Boy/Singalong Junk/Maybe I'm Amazed/Kreen-Akrore

Réédition 1993: pas de chanson supplémentaire.

Ram **(1971)** – Paul & Linda McCartney

Too Many People/3 Legs/Ram on/Dear Boy/Uncle Albert — Admiral Halsey/Smile Away/Heart of the Country/Monkberry Moon Delight/Eat at Home/Long Haired Lady/Ram on/The Back Seat of my Car

Réédition 1993: *Another Day/Oh Woman, Oh Why*

Wild Life **(1971)** - Wings

Mumbo/Bip Bop/Love Is Strange/Wild Life/Some People Never Know/I Am Your Singer/Bip Bop Link/Tomorrow/Dear Friend/Mumbo Link

Réédition 1993: *Mary Had a Little Lamb/Little Woman Love/Mama's Little Girl*

Red Rose Speedway **(1973)** - Paul McCartney & Wings

Big Barn Bed/My Love/Get on the Right Thing/One More Kiss/Little Lamb/ Dragonfly/Single Pigeon/When The Night/Loup (1st Indian Moon)/Medley: a) Hold Me Tight, b) Lazy Dynamite, c) Hands Of Love, d) Power Cut

Réédition 1993: *C Moon/Hi Hi Hi/The Mess/I Lie Around*

Band on the Run **(1973)** – Paul McCartney & Wings

Band on the Run/Jet/Bluebird/Mrs. Vanderbilt/Let Me Roll It/Mamunia/No Words/Helen Wheels/Picasso's Last Word (Drink to me)/Nineteen Hundred and Eighty Five

Réédition 1993: *Country Dreamer*

McGear **(1974)** – Mike McGear

Sea Breezes/What Do We Really Know?/Norton/Leave It/Have You Got Problems?/The Casket/Rainbow Lady/Simply Love You/Givin' Grease a Ride/The Man Who Found Go on the Moon

Venus and Mars **(1975)** - Wings

Venus and Mars/Rock Show/Love in Song/You Gave Me the Answer/Magneto and Titanium Man/Letting Go/Venus and Mars Reprise/Spirits of Ancient Egypt/Medecine Jar/Call Me Back Again/Listen To What the Man Said/Treat Her Gently – Lonely Old People/Crossroads

Réédition 1993: *Zoo Gang/Lunch Box, Odd Sox/My Carnival*

Wings at the Speed of Sound **(1976)** - Wings

Let'Em in/The Note You Never Wrote/She's my Baby/Beware my Love/Wino Junko/Silly Love Songs/Cook of the House/Time to Hide/Must Do Something About It/San Ferry Anne/Warm and Beautiful

Réédition 1993: *Walking in the Park With Eloise/Bridge on The River Suite/Sally G*

Wings Over America **(1976)** - Wings

Disque 1: *Venus and Mars/Rock Show/Jet/Let Me Roll it/Spirits of Ancien Egypt/Medecine Jar/Maybe I'm Amazed/Call Me Back Again/Lady Madonna/The Long and Winding Road/Live and Let Die/Picasso's Last Words/Richard Cory/Bluebird/I've Just Seen a Face/Blackbird/ Yesterday*

Disque 2: *You Gave Me the Answer/Magneto and Titanium Man/Go Now/My Love/Listen to What the Man Said/Let'Em in/Time to Hide/Silly Love Songs/Beware my Love/Letting Go/Band on the Run/Hi Hi Hi/Soily*

Pas de réédition en 1993.

***Thrillington* (1977)** – Percy Thrillington

Too Many People/3 Legs/Ram on/Dear Boy/Uncle Albert — Admiral Halsey/Smile Away/Heart of the Country/Monkberry Moon Delight/Eat at Home/Long Haired Lady/Ram on/The Back Seat of my Car

***London Town* (1978)** - Wings

London Town/Cafe on the Left Bank/I'm Carrying/Backward Traveller/ Cuff Link/Children Children/Girlfriend/I've Had Enough/With a Little Luck/Famous Groupies/Deliver Your Children/Name and Address/Don't Let It Bring You Down/Morse Moose and the Grey Goose

Réédition 1993: *Girl's School/Mull of Kintyre*

***Wings Greatest* (1978)** - Wings

Another Day/Silly Love Songs/Live and Let Die/Junior's Farm/With a Little Luck/Band on the Run/Uncle Albert — Admiral Halsey/Hi Hi Hi/Let'Em In/My Love/Jet/Mull of Kintyre

Réédition 1993: pas de chanson supplémentaire.

***Back to the Egg* (1979)** - Wings

Reception/Getting Closer/We're Open Tonight/Spin It on/Again and Again and Again/Old Siam Sir/Arrow Through Me/Rockestra Theme/To You/After the Ball — Million Miles/Winter Rose — Love Awake/The Broadcast/So Glad to See You There/BabyMs Request

Réédition 1993: *Daytime Nightime Suffering/Wonderful Christmastime/ Rudolph the Red-Nosed Reggae*

***McCartney II* (1980)** – Paul McCartney

Coming up/Temporary Secretary/On the Way/Waterfalls/Nobody Knows/Front Parlour/Summer's Day Song/Frozen Jap/Bogey Music/ Darkroom/One of These Days

Réédition 1993: *Check my Machine/Secret Friend/Goodnight Tonight*

***Tug of War* (1982)** – Paul McCartney

Tug of War/Take It Away/Somebody Who Cares/What's That You're Doing?/Here Today/Ballroom Dancing/The Pound Is Sinking/Wanderlust/Get It/Be What You See/Dress Me up as a Robber/Ebony and Ivory

Réédition 1993: pas de nouvelle chanson.

***Pipes of Peace* (1984)** – Paul McCartney

Pipes of Peace/Say, Say, Say/The Other Me/Keep Under Cover/So Bad/The Man/Sweetest Little Show/Average Person/Hey Hey/Tug of Peace/Through our Love

Réédition 1993: *Twice in a Lifetime/We All Stand Together/Simple as That*

***Give My Regards to Broad Street* (1985)** – Paul McCartney

No More Lonely Nights (ballad)/Good Day Sunshine/Corridor Music/Yesterday/Here, There and Everywhere/Wanderlust/Ballroom Dancing/Silly Love Songs/Not Such a Bad Boy/So Bad/No Values/No More Lonely Nights (reprise)/For No One/Eleanor Rigby — Eleanor's Dream/The Long and Winding Road/No More Lonely Nights (playout version)/Goodnight Lonely Princess

Réédition 1993: *No More Lonely Nights (extended)/No More Lonely Nights(dance mix)*

***Press to Play* (1986)** – *Paul McCartney*

Stranglehold/Good Times Coming — Feel the Sun/Talk More Talk/Footprints/Only Love Remains/Press/Pretty Little Head/More Over Busker/Angry/However Absurd/Write Away/It's Not True/Tough on a Tightrope

Réédition 1993: *Spies Like Us/Once Upon Along Ago*

***All The Best!* (1987)** – Paul McCartney

Band on the Run/Jet/Ebony and Ivory/Listen to What the Man Said/No More Lonely Nights/Silly Love Songs/Let'Em In/Say, Say, Say/Live and Let Die/Another Day/C Moon/Junior's Farm/Uncle Albert — Admiral Halsey/Coming Up/Goodnight Tonight/With a Little Luck/My Love/Once Upon a Long Ago

Pas de réédition.

***Choba B CCCP* (1988)** – Paul McCartney

Kansas City/Twenty Flight Rock/Lawdy Miss Clawdy/Bring It on Home to Me/Lucille/Don't Get Around Much Anymore/That's Alright Mama/Ain't That a Shame/Crackin' Up/Just Because/Midnight Special/I'm Gonna Be a Wheel Someday

Réédition 1992 aux États-Unis: *I'm in Love Again*

***Flowers in the Dirt* (1989)** – Paul McCartney

My Brave Face/Rough Rude/You Want Her Too/Distractions/We Got Married/Put It There/Figure of Eight/This One/Don't Be Careless Love/That Day Is Done/How Many People/Motor of Love/Où est le soleil?

Réédition 1993: *Back on my Feet/Flying to my Home/The Loveliest Thing*

***Tripping the Live Fantastic* (1990)** – Paul McCartney

Disque 1: *Showtime/Figure of Eight/Jet/Rough Ride/Got to Get You Into my Life/Band on the Run/Birthday/Ebony and Ivory/We Got Married/Inner City Madness/Maybe I'm Amazed/The Long and Winding Road/Crackin' up/The Fool on the Hill/Sgt. Pepper's Lonely Hearts Club Band/Can't Buy Me Love/Matchbox/Put It There/Together*

Disque 2: *Things We Said Today/Eleanor Rigby/This One/My Brave Face/Back in the U.S.S.R./I Saw Her Standing There/Twenty Flight Rock/Coming Up/Sally/Let it Be/Ain't That a Shame/Live and Let Die/If I Were Not Upon the Stage/Hey Jude/Yesterday/Get Back/Golden Slumbers–Carry That Weight–The End/Don't Let the Sun Catch You Crying*

Pas de réédition.

***Tripping the Live Fantastic – Highlights!* (1990)** – Paul McCartney

Got to Get You Into my Life/Birthday/We Got Married/The Long and Winding Road/Sgt. Pepper's Lonely Hearts Club Band/Can't Buy Me Love/All my Trials (U.K. version)/Put it There (USA version)/Things We Said Today/Eleanor Rigby/My Brave Face/Back in the U.S.S.R./I Saw Her Standing There/Coming Up/Let it Be/Hey Jude/Get Back/Golden Slumbers–Carry That Weight–The End

Paul McCartney Unplugged – The Official Bootleg (1991) – Paul McCartney

Pas de réédition.

The Liverpool Oratorio **(1992)** – Paul McCartney & Carl Davis

Movement 1 — War/Movement II — School/Movement III — Crypt/Movement IV— Father/Movement V — Wedding/Movement VI — Work/Movement VII — Crises/Movement VIII — Peace

Off the Ground **(1993)** – Paul McCartney

Off the Ground/Looking for Changes/Hope of Deliverance/Mistress and Maid/I Owe It All to You/Bike Like an Icon/Peace in the Neighbourhood/Golden Earth Girl/The Lovers That Never Were/Get Out of my Way/Winedark Open Sea/C'mon People

Paul Is Live **(1993)** – Paul McCartney

Drive my Car/Let Me Roll It/Looking for Changes/Peace in the Neighbourhood/All my Loving/Robbie's Bit (Thanks Chet)/Good Rockin' Tonight/We Can Work It Out/Hope of Deliverance/ Michelle/Biker Like an Icon/Here, There and Everywhere/My Love/Magical Mystery Tour/C'mon People/Lady Madonna/Paperback Writer/Penny Lane/Live and Let Die/Kansas City/Welcome to Soundcheck/Hotel in Benidorm/I Wanna Be Your Man/A Fine Day

Strawberries Oceans Ships Forrest **(1993)** – The Fireman

Transpiritual Stomp/Trans Lunar Rising/Transcrystaline/Pure Trance/Arizona Light/Celtic Stomp/Strawberries Oceans Ships Forest/444/Sunrise Mix

Flaming Pie **(1997)** – Paul McCartney

The Song We Were Singing/The World Tonight/If You Wanna/Somedays/ Young Boy/Calico Skies/Flaming Pie/Heaven on a Sunday/Used to Be Bad/Souvenir/Little Willow/Really Love You/Beautiful Night/Great Day

Standing Stone **(1997)** – Paul McCartney

Movement I – After Heavy Light Years

(1. Fire-Rain 2. Cell Growth 3. «Human» Theme)

Movement II – He Awoke Startled

(4. Meditation 5. Crystal Ship 6. Sea Voyage 7. Lost At Sea 8. Release)

Movement III – Subtle Colours Merged Soft Contours

(9. Safe Haven — Standing Stone 10. Peaceful Moment 11. Messenger 12. Lament 13. Trance 14. Eclipse)

Movement IV – Strings Pluck, Horns Blow, Drums Beat

(15. Glory Tales 16. Fugal Celebration 17. Rustic Dance 18. Love Duet 19. Celebration)

***Rushes* (1998)** – The Fireman

Watercolours Guitars/Palo Verde/Auraverda/Fluid/Appletree Cinnabar Amber/Bison/7am/Watercolour Rush

***Wide Prairie* (1998)** – Linda McCartney

Wide Prairie/New Orleans/The White Coated Man/Love's Full Glory/I Got up/The Light Comes From Within/Mister Sandman/Seaside Woman/Oriental Nightfish/Endless Days/Poison Ivy/Cow/B-side to Seaside/Sugartime/Cook of the House/Appaloosa

***Band on the Run (25th Anniversary edition)* (1999)** – Paul McCartney & Wings

Disque 1: *Band on the Run/Jet/Bluebird/Mrs. Vanderbilt/Let Me Roll It/Mamunia/No Words/Helen Wheels/Picasso's Last Word (Drink to Me)/Nineteen Hundred and Eighty Five*

Disque 2: entrevues et extraits.

***A Garland for Linda* (1999)** – Artistes variés

Silence and Music (Ralph Vaughan Williams)/*Prayer for the Healing of the Sick* (John Tavener)/*Water Lillies* (Judith Bingham)/*Musica Dei Donum* (John Rutter)/*The Doorway of the Dawn* (David Matthews)/*Nova* (Sir Paul McCartney)/*I Dream'd* (Roxanna Panufnik)/*Farewell* (Michael Berkeley)/*The Flight of the Swan* (Giles Swayne)/*A Good-Night* (Sir Richard Rodney Bennett)

***Working Classical* (1999)** – Paul McCartney

Junk/A Leaf/Haymakers/Midwife/Spiral/Warm and Beautiful/My Love/Maybe I'm Amazed/Calico Skies/Golden Earth Girl/Somedays/ Tuesday/She's my Baby/The Lovely Linda

***Run Devil Run* (1999)** – Paul McCartney

Blue Jean Bop/She Said Yeah/All Shook up/Run Devil Run/No Other Baby/Lonesome Town/Try Not to Cry/Movie Magg/Brown Eyed Handsome Man/What It Is/Coquette/I Got Stung/Honey Hush/Shake a Hand/Party

***Liverpool Sound Collage* (2000)** – Paul McCartney & Super Furry Animals

Plastic Beetle/Peter Blake 2000/Real Gone Dub Made in Manifest in the Vortex of Eternal Now/Made Up/Free Now

Wingspan **(2001)** – Paul McCartney & Wings

Disque 1: *Listen to What The Man Said/Band on the Run/Another Day/Live and Let Die/Jet/My Love/Silly Love Songs/Pipes of Peace/ C Moon/Hi Hi Hi/Let'Em In/Goodnight Tonight/Junior's Farm/Mull of Kintyre/Uncle Albert — Admiral Halsey/With a Little Luck/Coming Up/No More Lonely Nights*

Disque 2: *Let Me Roll It/The Lovely Linda/Daytime Nightime Suffering/Maybe I'm Amazed/Helen Wheels/Bluebird/Heart of the Country/Every Night/Take It Away/Junk/Man We Was Lonely/Venus and Mars — Rockshow/The Back Seat of my Car/Rockestra Theme/Girlfriend/Waterfalls/Tomorrow/Too Many People/Call Me Back Again/Tug of War/Bip Bop — Hey Diddle/No More Lonely Nights (Playout version)*

Driving Rain **(2001)** – Paul McCartney

Lonely Road/From a Lover to a Friend/She's Given Up Talking/Driving Rain/I Do/Tiny Bubble/Magic/Your Way/Spinning on an Axis/About You/Heather/Back in the Sunshine Again/Your Loving Flame/Riding Into Jaipur/Rinse the Raindrops/Freedom

Back in the U.S. **(2002)** – Paul McCartney

Également disponible en format DVD

Disque 1: *Hello Goodbye/Jet/All My Loving/Getting Better/Coming Up/ Let Me Roll It/Lonely Road/Driving Rain/Your Loving Flame/ Blackbird/Every Night/We Can Work It Out/Mother Nature's Son/Vanilla Sky/Carry That Weight/The Fool on the Hill/Here Today/Something*

Disque 2: *Eleanor Rigby/Here, There and Everywhere/Band on the Run/Back in the USSR/Maybe I'm Amazed/C Moon/My Love/Can't Buy Me Love/Freedom/Live and Let Die/Let It Be/Hey Jude/The Long and Winding Road/Lady Madonna/I Saw Here Standing There/Yesterday/Sgt. Pepper/The End*

Cette discographie ne tient pas compte des nombreux 45 tours, éditions spéciales, exemplaires promotionnels, album piratés mis sur le marché au cours des trente dernières années. De nombreuses recherches sur Internet vous permettront d'en savoir plus sur les milliers de disques attribués à Paul McCartney.

Sites Internet

Voici quelques liens utiles qui vous permettront d'en savoir plus sur Paul McCartney.

http://www.paulmccartney.com

Le site officiel du musicien mis en ligne lors de la sortie de l'album *Wingspan*. Source officielle d'informations qui rend disponible du matériel inédit. Une boutique vous permettra d'acheter en ligne certains objets rares.

http://www.macca-central.com/

Avec ses trois millions de pages lues chaque mois, ce site non officiel est entretenu par un fan canadien. Forums, séances de clavardage (*chat*), exclusivités, archives audio et vidéo attendent l'internaute dans un environnement entièrement consacré à Paul McCartney. Un incontournable.

http://www.quipo.it/mccartney/

Site italien très complet et respecté par les fans. En plus de donner les nouvelles de dernière minute, «Off the Web» contient une vaste banque de photographies.

http://www.photos.mccartney.net/

Création de la photographe Jorie B. Gracen, auteure du livre *I Saw Him Standing There* regroupant de multiples clichés pris au cours des 30 dernières années.

http://www.gernhardt.com/macca/

Excellente source de nouvelles et d'enregistrements inédits.

http://www.macca-l.net/

Un regroupement de fans communiquant par différents courriels.

http://www.paulmccartney.fr/

Fan club international tenant un magazine complet sur les activités passées et récentes du chanteur. Le seul véritable remplaçant au magazine *Club Sandwich.* Essentiel.

http://www.filed1974.com/mccartney/

The Paul McCartney Guitar Chord Archive rend accessible gratuitement tous les accords de toutes les chansons enregistrées par le compositeur depuis 1970. Le rendez-vous de tous les guitaristes.

http://www.jpgr.co.uk/

Discographie complète de Paul McCartney avec de nombreux commentaires pertinents sur divers enregistrements.

http://www.geocities.com/Broadway/9328/

«Ram On – A Place for Macca Lovers» retrace les différentes sessions d'enregistrement effectuées.

http://www.paulisdead.latest-info.com/

Paul est-il vraiment mort en novembre 1966? Un internaute croit que si...

http://mcbeatle.de/macca/tour/index.html

Toutes les dates des tournées de Sir McCartney, à quelques erreurs près.

http://www.mplcommunications.com/

Le site officiel de McCartney Productions Ltd. (MPL).

http://www.standingstone97.com/

En direct de votre ordinateur, le concert donné lors de la sortie de l'album classique *Standing Stone.*

http://www.mccartney.com/ruth/

Le site Internet de la sœur de Paul.

http://www.wwnorton.com/mccartney/

Pour lire des extraits du recueil de poésie *Blackbird Singing: Poems and Lyrics.*

http://www.abbeyroad.co.uk/

Le site officiel des fameux studios Abbey Road.

http://www.laurencejuber.com/

Site officiel de Laurence Juber, guitariste des Wings à partir de 1978.

http://www.geocities.com/BourbonStreet/2075/henry.html

Site officiel de Henry McCullough, guitariste des Wings de 1972 à 1973.

Sommaire